가족이지만 타인입니다

조금 멀찍이 떨어져 마침내,
상처의 고리를 끊어낸 마음 치유기

가족이지만
타인입니다

원정미 지음

서사원

꿈에 더 가까이

화창한 어느 날 아침, 밥을 먹고 아이들과 동네 산책을 했다. 코로나19로 인해 생긴 우리 집만의 루틴이다. 세수도 하지 않은 얼굴에 잠옷 바람, 운동복 차림으로 나선다. 아이들은 신나게 자전거와 스쿠터를 타고, 남편과 나는 손을 잡고 따뜻한 캘리포니아 햇살을 즐긴다. 코로나19는 대체 언제 끝날까? 앞으로 우리 미래는 어떻게 될까? 내 마음속 불안과 걱정을 남편과 나눈다. 내가 있는데 뭘 걱정이냐며 괜찮다고 꽉 잡아주는 남편의 따뜻한 손이 내 마음도 다잡아준다. 삼십여 년 전 부산 어느 골목 집 작은 방에서 울던 아이는 한 번도 상상해보지 못한 삶이다.

나는 살면서 거창한 꿈을 꿔본 적이 없다. 내 꿈은 언제나 행복한 가정이었다. 가난해도 괜찮고, 성공하지 못해도 상관없었다. 금방 차린 식탁에 오손도손 둘러앉아 하루의 안부를 물으며 낄낄거리고 웃는 그런 편안한 가정이면 족했다. 아이들이 부모를 온전히 의지하고 남편과 아내가 서로를 아껴주며 온정을 나누는 가정을 꾸리는 것, 내가 어린 시절 경험하지 못한 가정을 가지는 것이 내 꿈이었다.

흔히들 꿈은 원래 잘 이루어지지 않는다고 한다. 그래서 지금 누리는 이 모든 것이 정말 현실인가 싶을 때가 있다. 나에겐 행복한 가정이 꿈이었지만 모두가 나와 같은 꿈을 꾸고 살진 않는다. 사람마다 각자 소망하고 바라는 꿈은 다를 것이다. 다만 어린 시절엔 불가능해 보이기만 했던 일들이 현실이 되자 이것이 어떻게 가능했는지 돌아보게 되었다.

내가 지금의 가정을 이루고 꿈꾸던 대로 사는 것은 상처받고 우울했던 나의 내면아이를 그대로 방치하지 않고 힘들고 괴로워도 돌아보고 보살펴왔기 때문이라 믿는다. 또한 내 상황이 어떠하든 내 선택과 책임으로 삶을 좀 더 나은 방향으로 이끌어 갈 수 있다는 것을 증명했다고 생각한다. 당신이 지금 어떤 소망과 꿈을 가지고 있든, 자신을 먼저 돌아보는 것이 꿈에 더 가까이 가는 시작점이 될 것이다.

어린 시절 차별적이고 냉랭했던 우리 집 분위기는 나를 가치 없고 무능력한 존재로 만들었다. 나는 사랑받을 수 없는 존재라는 생각에 무기력해졌고 그것이 마음에 깊은 병으로 자리 잡기도 했다. 후에 심리학과 상담심리학을 공부하면서 인간 존재의 의미는 타인에 의해 결정되는 것이 아님을 알았다. 피를 나눈 가족이라도 서로를 제대로 사랑할 수 없음을 깨달았고, 때로는 그들로부터 한 발짝 물러나야 함을 배웠다. 가족이라도 타인을 대하듯 적절한 거리와 예의를 갖추는 것이 건강한 관계의 지름길이라는 것을 깨달은 것이다. 그렇게 상처받은 가족과 떨어져 나를 먼저 돌아보고 사랑하는 법을 배움으로써 나는 회복되었다.

과거의 결핍과 상처가 인간 내면 탐구의 강력한 원동력이 되어 생각지도 못하게 미국에서 심리치료사가 되었다. 지금은 캘리포니아의 어린이/가족 상담소에서 많은 어린이와 부모를 상담하고 있다. 그리고 기회가 될 때마다 미국에 사는 한국 이민 가정의 심리적 어려움을 돕기 위해 칼럼을 쓰거나 부모교육, 상담교육 등을 하고 있다. 개인의 가정과 삶에서 얽히고 꼬인 심리적 갈등, 애착 문제, 정서적 결핍의 대물림 등을 해결할 수 있도록 도와줌으로써 그들이 정서적으로 좀 더 안전하고 건강해지는 것에 여전히 기쁨과 보람을 느낀다. 어쩌면 나는 이렇게 되기 위해 과거에 그런 상처와 아픔이 필요했는지도 모른다.

이 책에 행복하지 않았던 내 과거와 지극히 개인적인 가족사까지 모두 털어놓는 것이 쉬운 일은 아니었다. 사람들이 몰려 있는 큰 광장에 벌거벗고 서 있는 느낌이랄까. 나 혼자 부끄럽고 말 일이 아니라 다정하고 따뜻하진 않았어도 나름 성실함과 책임감으로 살아온 부모님도 함께 벌세우는 기분이었다. 이 책을 출간하는 것이 오히려 불효를 저지르는 것 같다는 생각도 지울 수 없었다. 하지만 어린 시절 나와 비슷한 경험을 하고 비슷한 꿈을 꾸고 있을 사람들에게 이 책이 작은 희망이 된다면 나의 부끄러움이나 죄책감은 감수할 만한 충분한 가치가 있지 않을까 믿는다.

차례

◊ 3막 │ 육아, 몰랐던 나의 내면아이를 만나다

1막

평범한 듯
평범하지 않았던
어린 시절

사실 나는

죽고 싶었어

시장 골목을 돌아 나오는 어렸을 적 우리 집 골목은 드라마 〈응답하라 1988〉에 나오는 쌍문동 골목과 닮아 있었다. 비슷비슷하게 생긴 담벼락과 대문들. 그 대문을 열면 작은 마당이 있었고 마당 한쪽 구석엔 어머니가 빨래판에 나무 방망이를 들고 빨래하던 작은 수돗가가 있었다. 그렇게 마당을 지나 현관문을 열면 나오는 마루. 나는 그 마루 앞에서 어머니와 할머니가 또 싸우고 있지는 않은지 분위기를 살폈다.

'혹시나' 했던 의심은 '역시나'가 되었다. 방문 밖으로 할머니와 어머니의 고성이 오갔다. 며칠 전부터 느껴지던 어른들 사이의 냉기가 드디어 터진 것이다. 저녁에 아버지가 오면 두 번째 전쟁이 시작되겠지. 이번엔 얼마나 갈까? 일주일? 아니면 한 달? 그동안 또 쥐죽은 듯이 살아야 한다. 나는 어른들의 심기를 건드리지 않기 위해 숨소리도 내지 못했다. 정말 지긋지긋했다. 도대체 이 싸움은 언제 끝날까? 아니, 끝이 있기는 한 걸까?

매일이 살얼음판이었던 집에서 나는 죽고 싶었다. 그러나 밖에서 보면 우리 집은 평범하고 정상적인 가정처럼 보였다. 삼시 세끼를 걱정해야 할 만큼 가난하지도 않았고 부모님 모두 술, 외도, 도박, 사치 등과는 거리가 먼 성실하고 책임감 있는 분들이었다. 나는 1980년대 가정 대부분이 그랬듯 다른 아이들만큼 혼나고 맞으며 자란다 생각했다. 다른 집들도 우리 집과 크게 다르지 않은 줄 알았다. 그러나 몇 살 더 먹고 나니 우리 집이 유독 할머니와 어머니의 고부 갈등이 심하다는 것을, 그 고부 갈등으로 인해 부모님의 부부싸움 또한 잦다는 것을 깨달았다. 난 잘 곳도 있고 배고프지도 않았지만 늘 불안하고 두려웠다. 그리고 아무도 나를 사랑하지 않는 것 같아 외로웠다.

　　부모님은 원래 집터 위에 새로 3층 건물을 올렸다. 우리 집 형편은 나아지는 듯했지만 나는 건물 옥상에 올라가 바닥을 내려다보며 '여기서 떨어지면 단번에 죽을 수 있을까?'라는 생각을 했다. 이유 없이 자주 배가 아팠고, 어딜 가나 불안했고, 밤마다 악몽을 꾸었다. 고통스럽지 않게 죽는 방법이 있다면 그렇게 세상을 떠나고 싶었다. 이런 증상들이 평범한 아이들이 겪는 감정이 아니라는 것을 그로부터 30년이 지나 미국에서 상담학 공부를 하면서 알게 되었다. 돌이켜보면 나는 그때 '소아청소년 우울증'을 앓고 있었다. 그러나 당시 나를 포함한 그 누구도 알지 못했다.

심리학 교수 린지 C. 깁슨Lindsay C. Gibson의 《감정이 서툰 어른들 때문에 아팠던 당신을 위한 책》(박선령 옮김, 지식너머, 2019)에는 이런 구절이 나온다.

> 정서적으로 미성숙한 부모가 있는 가정에서 자라는 건 외로운 경험이다. 이런 부모는 겉으로는 완벽하게 정상적으로 보인다. 평범하게 행동하면서 자녀의 신체적 건강을 돌보고 식사와 안전한 환경을 제공한다. 하지만 자녀와 확실한 정서적 유대를 맺지 않으므로 진정으로 안도감을 느껴야 하는 자리에 커다란 구멍이 뚫려 버린다.

그랬다. 나는 가정에서 정서적 유대와 안도감, 사랑받는 느낌을 경험해 보지 못했다.

부모는 그들의 방식대로
우리를 사랑하고 있다

지금은 교내 체벌이 많이 사라졌지만 내가 어렸을 때 선생님은 부모보다 더 권위 있는 존재였고 선생님의 모든 말과 행동은 곧 법이었다. 학생들은 대걸레 자루에 엉덩이를 맞기도, 단체로 책상 위에 올라가 무릎 꿇고 의자를 든 채 한 시간씩 벌을 받기도 했다. 집에서 그랬던 것처럼 나는 학교에서도 늘 긴장했고 불안을 느꼈다. 마음 편하게 있을 곳은 어디에도 없었다.

학교와 집을 오가며 불안과 우울을 숱하게 반복하는 사이, 내 마음을 알아주는 사람은 아무도 없었다. 먹고살기 바빴던 부모님과 본인들 문제만으로도 벅찬 어른들 사이에서 나는 먼지 같은 존재였다. 있어도 그만, 없어도 그만인 존재. 함께 사는 가족 누구도 나를 사랑하지 않는 것 같았다. '이럴 거면 나를 왜 낳았지? 내가 진짜 딸이 맞기는 한거야?' 나는 《소공녀》를 읽으며 주인공 사라처럼 언젠가 진짜 부모님이 나를 찾아올지도 모른다는 상상을 하곤 했다.

세월이 흘러 나도 부모가 되었고 심리치료사가

되었다. 이제는 안다. 부모님은 그들의 방식대로 나와 오빠를 사랑했다. 그 방식이라는 것은 당신들의 부모에게 체득한 것이었고 그것은 때론 냉정하고 가혹했다. 심리치료사의 관점으로 보자면 부모님은 심각한 아동학대의 피해자였다. 한국전쟁 이후 태어난 세대는 학대받지 않은 사람을 찾기 힘들 정도로 다들 어려운 시절을 보냈지만 내 부모님의 어린 시절은 유독 혹독했다.

부모님은 본인이 경험하고 체득한 방식으로 우리를 키웠다. 사랑과 인내 그리고 용납으로 양육하기보다 체벌, 엄포, 협박으로 우리를 굴복시켰다. 상담학을 공부하고 나서야 그 시절 너무나 무섭고 매서웠던 부모님의 체벌, 엄포, 협박은 겁 많고 소심한 개들이 더 짖고 공격적으로 달려드는 것과 다를 바 없는 미숙한 방어기제라는 것을 알았다. 부모님 내면에 감춰진 불안과 걱정을 해소하고 문제를 해결하는 방법이 나를 혼내고 협박하는 것이었다.

일어났어야 하는 일의 부재와
일어나지 말았어야 할 일

성인이 되어서도 내 마음속 혼란은 잠들지 않았고 부모님을 원망하며 괴로워했다. 심한 학대를 받은 것도 아닌 것 같은데 난 도대체 왜 이런지, 내가 너무 이기적이고 속 좁은 사람인 것은 아닌지 자책도 했다. 그러던 어느 날, 결혼가족치료사 인턴을 하던 도중 트라우마 훈련 과정에서 교수님의 말을 듣고 머리를 한 대 맞은 듯한 충격을 받았다.

"트라우마는 일어나지 말았어야 할 일이 일어난 것이고 또 일어났어야 할 일이 일어나지 않은 것이다."

건강한 아이를 키우려면 경제적 안정도 필요하겠지만 정서적 안정도 매우 중요하다. 그것은 안정된 애착과 건강한 유대감과 소통이다. 가정 안에서의 따뜻한 애정, 가족 간의 존중과 소통이 우리 집에는 없었다. 한마디로 일어났어야 할 일이 일어나지 않은 것이다. 내가 괴롭고 아팠던 것은 내가 이상해서가 아니라 너무나 자연스러운 것이었다.

트라우마 치료의 세계적인 권위자인 베셀 반 데 어 콜크Bessel van der kolk는 그의 저서 《몸은 기억한다》(제효영 옮김, 김현수 감수, 을유문화사, 2020)에서 어린 시절의 학대와 불안정 애착의 위험성을 알렸다. 그는 어린 시절 양육자로부터 느껴야만 하는 사랑받는 느낌, 안전하다는 느낌에 대한 기억이 없으면 성인이 되어서 다른 사람과 조화를 이루고 안정된 관계를 만드는 데 큰 어려움이 있다고 했다. 세상과 타인을 향한 믿음과 안정에 대한 뇌 회로가 형성되는 대신 의심, 경계, 불안, 불신에 대한 뇌 회로가 만들어지기 때문이다. 오랜 시간 지속되는 정서적 부재와 방임은 성폭력이나 신체적 학대만큼 파괴적인 영향을 준다.

우리는 '트라우마'라고 하면 재난이나 사건 같은 큰 일회성 사건만 떠올린다. 그러나 개인의 존재와 가치에 손상을 입히는 지속적인 행위도 트라우마가 될 수 있다. 이는 인간은 생각보다 더 많은 트라우마와 상처를 주고받으며 살아가고 있다는 것이기도 하다. 나 또한 내가 트라우마를 가진 줄도 모르고 성장했다.

모르고 지나친 어린 시절
정서적 부재 체크리스트

항목	YES	NO
부모는 내가 의지하고 기댈 수 있는, 심리적으로 안정된 어른이 아니었다.		
부모가 신체적·정신적 질병으로 인해 자주 욱하거나 나에게 무관심했다.		
주변에 감정적으로 의지할 만한 어른이 없었다.		
부모의 부부싸움이 잦고 갈등이 심했다.		
가정에서 서로를 향한 비난, 비교, 욕설 등 언어폭력이 심했다.		
가정에 큰 불화는 없었으나 소통이 적고 웃을 일이 없는 냉랭한 분위기였다.		
가족끼리 자연스러운 스킨십이나 칭찬, 격려가 없었다.		
나에 대한 부모의 기대가 높고 통제가 심했다.		
가난, 질병, 가족 문제 등 가정사 때문에 부모님은 늘 바쁘고 피곤했다.		
부모의 일 때문에 자주 이사를 하고 전학을 다녀서 친구를 사귀기 어려웠다.		
부모의 완벽주의 성향 때문에 실수와 실패가 용납되지 않았다.		

☑ 이 체크리스트에서 2~3가지 이상 해당된다면 어린 시절의 정서적 부재나 정서적 학대로 자신도 모르게 마음에 공허함과 상처가 남아 있을 수 있습니다. 그리고 그것은 너무나 자연스러운 것입니다. 아이는 신체적, 물리적 안정과 돌봄도 필요하지만 무엇보다 정서적 안정과 따뜻한 관심이 있어야 잘 성장할 수 있기 때문입니다. 내 과거와 부모에 대한 이해를 하기 전에 나의 성장 과정을 객관적으로 바라보는 것이 회복의 시작점이 될 것입니다.

왜

그랬던 거야?

어머니의
어린 시절

　오늘도 조용필의 LP판을 틀어 놓고 어머니는 무릎을 꿇고 걸레질을 시작했다. 매달 빠듯한 살림이었을 텐데도 어머니에겐 LP판이 꽤 있었다. 넉넉하지 않은 생활비를 아끼고 아껴 장만했을 것이다. 좋아하는 노래를 틀어놓고 흥얼거리는 것이 어머니의 유일한 낙이었으니까. 음악을 좋아하는 어머니의 감수성은 외할아버지를 닮았다. 나는 한 번도 뵌 적이 없는 외할아버지지만 오래된 누런 사진 속 젊은 외할아버지는 키도 크고 굉장한 미남이었다. 시대를 잘 타고났더라면 가수나 영화배우가 되었을 거라고 나는 항상 말했다. 그랬던 외할아버지는 고등학생 나이에 6.25 전쟁에 참전한 뒤 알코올 중독자가 되었다. 아마 심한 PTSD(외상 후 스트레스 장애)를 앓았던 것 같다. 총알이 왔다 갔다 하는 곳에서 살아남기 위해 사람을 죽이는, 비극적인 전쟁의 한복판에서 감성이 풍부했던 청년은 맨정신으로는 견디기 힘들었을 것이다. 할아버지는 그렇게 술로 자신의 트라우마를 달래다 결국 큰 병을 얻어 일찍 세상을 떠났다. 당연히 가장으로서, 남편으로서 외할아버지가 제 역할을 했을 리가 만무했다.

가정 형편이 어려워 국민학교도 못 간 외할머니는 아이 셋과 병든 남편을 건사하느라 참 독하고 치열하게 살았다. 당장 먹고사는 게 우선이라 딸들은 모두 방치되었고 자신의 삶이 너무나 버겁고 힘들어서, 배운 게 없어서 자식들에게 분풀이하기도 했다. 외할머니가 세 살도 안 된 어머니를 방에 가둬 놓고 돈을 벌러 나갔다는 이야기와 말이 느리다며 꼬챙이로 어머니의 입을 때려 이가 부러졌다는 이야기를 들은 적이 있다. 작고 어린 어머니는 그때 얼마나 무서웠을까? 고작 세 살이었던 어머니는 방 문고리를 잡고 얼마나 울었을까? 아무리 울어도 꿈쩍하지 않는 문을 바라보며 눈물도, 말문도 막혀 버렸을 것이다.

맏이였던 어머니는 그야말로 억압과 공포 속에서 자랐다. 그래서 만 21살에 아버지를 만나 도망치듯 결혼했다. 부모가 정해준 남자와 단 3개월 만에. 어머니는 결혼만 하면 그 지긋지긋했던 불행과 아픔이 다 끝날 줄 알았다. 그리고 친정 부모보다 더 매서운 시어머니를 만날 줄은 꿈에도 생각지 못했다. 어머니의 불행은 결혼 후에도 끝나지 않았다.

아버지의
어린 시절

어린 시절 아버지를 따라 큰집에 가면 항상 잠을 제대로 이루지 못했다. 초가집 흙벽을 타고 올라가 보이는 천장 밑 얼기설기 엮인 나무 틈 사이로 꼭 뱀이나 쥐가 나올 것 같았다. 마당에는 토종닭들이 자유분방하게 돌아다녔고, 판자때기로 엉성하게 지은, 불도 안 들어오는 재래식 화장실은 낮에도 가기가 무서웠다. 그런 전기도 안 들어오는 시골 깡촌에서 아버지는 부산으로 나름 성공적인 취업을 했고 아버지를 끔찍이 여겼던 할머니까지 부산에 함께 정착했다.

당신도 여자면서 유독 여자만 미워했던 할머니를 나는 이해하지 못했다. 하지만 그 시골 촌구석에서 여자였기에 당했던 수모와 아픔이 많았던 것만은 분명하다. 그래서였을까? 할머니는 나에게 담배와 술 심부름을 자주 시켰다. 할머니 방에는 늘 뿌연 담배 연기가 가득했고 뭔가 수틀리는 날에는 소주병도 나뒹굴었다. 학교 문턱도 밟지 못한 까막눈에 자식 일곱 중 넷을 전염병과 풍토병으로 잃었다. 그나마 남은 세 아들 중에 큰아버지는 아들 없는 큰집에 입양 보냈고 막내아들은 코딱지만 한 시골 동네에서 말썽쟁이로 소문이 자자했다. 그래서 할머니는 말 잘 듣는 둘째 아들인 아버지에게 집착했다. 아들, 며느리가 말을 안 들으면 천장에 줄을 달아 목 매다는 시늉을 하던 할머니 밑에서 아버지는 할머니가 허락하지 않는 것은 절대로 하지 않는 자랑스러운 효자가 되었다. 아마도 그것이 유일한 생존 방법이라는 것을, 살면서 체득한 것 같다.

아버지는 퇴근하고 집에 오면 늘 할머니 방으로 직행했다. 할머니와 함께 저녁 식사를 하고 할머니와 함께 담배를 태우며 TV를 보다가 할머니가 잠들 때쯤 안방으로 갔다. 아버지의 몸은 어른이었으나 내면아이는 여전히 할머니의 착한 아들에 머물러 있었다. 그리고 돈 버는 일, 가족들과 주변 친지들을 먹여 살리는 일이 아버지의 삶의 목적이자 이유였다. 가난만 면하면 당신과 가족의 모든 문제가 사라질 줄 안 것이다. 아버지는 돈 버는 일 외에는 아무것도 할 줄 모르는 어른이 되었다.

> 정서적 학대는
> 아무도 모르는 사이에 대물림된다

　험난한 성장 과정을 거친 두 사람이 만나 가정을 이루었으니 그 가정이 건강할 리가 없었다. 내면이 제대로 성장하지 못한 부부의 결혼 생활은 그야말로 전쟁이었다. 부모님도 당신들이 겪었던 어린 시절의 고통을 자식들에게는 절대로 물려주고 싶지 않다고 했다. 그러나 그것이 마음처럼 되지 않았던 이유는 사랑하는 방법을 몰랐기 때문이다. 내 부모님은 자식들 잘 먹이고 학교만 제대로 보내면 충분하다고 생각했다. 건강한 사랑을 받아본 적이 없는 부모님은 나와 오빠를 제대로 사랑하지 못했다. 생존이 곧 사랑이었던 부모의 마음을 이해하기에 나는 너무 어렸다. 이런 일들이 비단 나에게 국한되는 이야기는 아닐 것이다. 이런 일들은 전쟁과 가난, 학대를 겪은 부모가 있는 많은 가정에서 일어나고 있다.

《보웬의 가족치료이론》(머레이 보웬, 남순현 옮김, 학지사, 2005)에 따르면 가족 안에서 일어나는 문제와 환자의 상태를 제대로 이해하려면 환자 가족의 부모와 조부모까지 3대를 살펴봐야 한다. 가족 간의 고질적인 문제나 애착과 소통의 패턴들은 대물림되는 경우가 흔하기 때문이다. 이런 고질적인 대물림의 패턴을 이해하는 것만으로도 또 다른 대물림을 막을 수 있다. 이렇게 원치 않는 대물림이 반복되는 이유는 인간은 절대로 혼자서는 생존할 수 없는 존재고 주변 환경에서 자연스럽게 모방과 학습을 하며 많은 것을 배우기 때문이다. 그 모방과 학습의 결정적인 장소가 가정이다.

아이를 키우다 보면 유전자의 힘을 느낄 때가 많다. 나와 남편의 외모를 닮은 것은 물론이고 비슷한 취향과 기질, 재능을 가지고 태어난 아이들을 바라보면 신기할 따름이다. 일부러 가르쳐 주지 않아도 나와 남편의 버릇까지 닮아가는 아이를 보면 또 다른 나, 또 다른 남편이 태어난 듯하다. 그러나 아무리 유전적 요소가 강하다 해도 환경의 힘을 절대로 무시할 수는 없다. 어머니의 탯줄을 끊고 나온 아이는 혼자서는 아무것도 할 수 없는 바람 앞의 촛불 같은 존재일 뿐이다. 갓 태어난 생명은 어머니의 젖이 없으면 굶어 죽을 수밖에 없다. 이 작은 아이를 훌륭한 인격체로 성장시키는 것이 환경의 힘이고 양육자의 힘이다. 그렇기 때문에 한 사람을 제대로 이해하기 위해서는 자라온 그 시대의 환경, 부모의 양육 태도를 알아야 하고 또 그 부모를 알기 위해 조부모의 시대적 배경과 양육 태도를 알아야 한다.

1960년대 한국의 1인당 국민소득은 70~80달러로 그야말로 후진국 중의 후진국이었다. 하루 한 끼를 먹기도 힘들었던 그때는 무엇보다 잘 먹고사는 것이 가장 중요했다. 살아남아야 하는 생존 환경은 사람을 먹고 자는 기본적인 욕구만 바라보게 한다. 그리고 이 생존과 안정이 보장되지 않으면 마음의 여유가 생기지 않는다. 마음에 여유가 없으면 타인의 마음을 읽고 이해하는 공감 능력은 생기지 않는다.

트라우마의 가장 큰 문제는 더 이상 생존과 안정을 걱정하지 않아도 되는 상황이 되더라도 여전히 긴장과 두려움을 놓을 수 없게 된다는 것이다. 그래서 자신의 안전에만 몰두하게 되어 공감 능력이 떨어지기도 한다. 이런 사람들은 자신도 모르게 가까운 이들에게 상처를 준다. 스스로 자기반성이나 성찰을 하지 않는 이상,

부모의 모습은 다음 세대로 자연스럽게 대물림된다.

내 마음에서 자라나는
제2의 어머니, 아버지

"저기 자리 났네. 거기 가서 앉아라." 버스를 타고 가다 어머니가 빈 앞자리를 가리켰다.

"아냐, 괜찮아요. 나는 서서 가는 게 좋아요."

나는 어머니가 앉은 자리의 의자 손잡이를 꽉 잡고 그냥 서 있었다. 어머니가 눈앞에 있는 게 편했다. 어린 시절 나는 어머니와 버스를 타면 항상 불안했다. 억울하고 힘든 결혼 생활에서 도망치고 싶은 어머니가 나 몰래 버스에서 혼자 내려버릴 것만 같았기 때문이다.

나는 지금도 안방에 누워 있던 어머니의 뒷모습을 기억한다. 홀로 이불을 뒤집어쓰고 누워 있는 어머니는 만지기만 해도 부서질 것 같았다. 어머니는 자주 우울했고 자주 아팠다. 어린 내가 보기에도 어머니는 억울한 일이 너무 많았고 할 일은 산더미였다. 상업용 포장 비닐을 재단하는 아버지를 돕느라 밤이며 낮이며 비닐을 때우고 포장했고, 그 무거운 것을 들고 나르느라 어머니의 어깨는 기어이 망가지고 말았다. 아버지의 장사 때문에 집에 데리고 있던 시댁 쪽 먼 조카들이 항상 우리 집에 두세 명씩 거주했다. 그 당시 쌀 한 가마니를 사다 놓으면 한 달이 채 가기도 전에 똑 떨어졌다. 그 와중에 일 년에 치르는 제사만 열두 번 남짓. 주말엔 아버지 쪽 친척들로 집이 항상 북적였다. 거기에 가끔은 말도 안 되는 할머니의 어깃장까지. 어머니는 이 모든 것을 다 온몸으로 받아냈다.

어머니는 그때 몸보다 마음이 더 괴로웠다고 했다. 그렇게 뼈 빠지게 헌신하는데도 아내를 위하거나 돕는 것은 팔불출들이나 하는 짓이라고 생각한 아버지는 어머니에게 따뜻한 말 한마디 할 줄 몰랐다. 게다가 할머니의 착한 아들이었던 아버지는 늘 어머니에게 '남의 편'이었다. 그것이 어머니를 아프고 병들게 했다.

어머니도 하루하루 죽고 싶은 마음, 도망가고 싶은 마음이 굴뚝같았다고 했다. 그러나 오빠와 나를 엄마 없는 자식으로 만들 수는 없다는 생각에 가슴이 무너져 번번이 주저앉았다. 그러던 어느 날, 더 이상은 못 살겠다며 엄마는 국민학교 3학년, 5학년이었던 나와 오빠를 데리고 이모네 집으로 가출을 했다. 그 당시 나는 부모님이 이혼하면 어떡하지, 하는 걱정보다 어머니가 나를 두고 혼자 떠날지도 모른다는 두려움이 앞섰다. 어머니 없이 내게 눈곱만큼도 애정이 없는 친할머니, 무심하고 바쁜 아버지와 사는 건 죽기보다 싫었다. 그래서 가끔 어머니가 외출했다가 돌아오지 않는 밤이면 어머니를 찾아 잠옷 바람으로 온 동네를 헤매고 다녔다.

나는 아마 본능적으로 알았던 것 같다. 나마저 어머니에게 짐이 되어서는 안 된다는 것을. 어머니를 더 힘들게 했다간 정말 집을 나갈 수도 있다는 것을. 그래서 부모에게 정서적으로 기댈 수가 없었다. 나는 집에서 쓸모없는 존재가 되거나 분란을 일으키는 존재가 되어서는 안 되었다. 날마다 아슬아슬하게 줄을 타는 부모님의 관계와 고부 갈등에 나까지 보탤 수는 없었다.

어린아이에게 온전히 의지하거나 기댈 수 있는 가족이 없다는 것은 정말 외롭고 힘든 일이다. 늘 어른들의 눈치를 보고, 서럽고 화나는 마음을 삼키던 나는 매일 혼자 이불을 뒤집어쓰고 울다 잠들었다. 내 안에서는 문고리를 잡고 울던 세 살배기 어머니와 할머니의 유일한 희망이었던 착한 둘째 아들, 아버지가 함께 자라고 있었다.

우리 가족에게 대물림되고 있는
문제는 무엇일까?

- 부모가 조부모로부터 신체적 · 정신적 학대, 부재, 유기, 방치 등을 경험했다.
- 조부모의 양육 방식 또는 태도가 차별적이고 무자비했다.
- 부모가 심각한 재정 문제를 겪었거나 사회적 빈곤 계층에 속했다.
- 현재도 부모와 조부모 사이에 갈등이 자주 발생한다.
- 가족 안에서 대를 이어 반복되고 있는 행동이나 현상(이혼, 외도, 알코올중독, 폭력, 도박 등)이 있다.
- 부모가 여전히 조부모의 지나친 통제나 요구에서 벗어나지 못하고 있다.

만약 부모가 위에 해당하는 경험이 있다면 부모 또한 학대, 유기, 방치, 애착 불안정을 경험했을 수 있습니다. 이런 학대와 정서적 결핍을 다른 이와 함께 채우거나 노력하지 않으면 자연스럽게 다음 세대로 반복됩니다. 따라서 부모를 이해하려면 조부모의 양육 태도와 성장 환경을 파악할 필요가 있습니다. 그리고 그 대물림이 나와 그다음 세대까지 계속되지 않으려면 스스로 경각심을 가지고 노력해야 합니다.

차라리

맞는 게 나아

마음에 드는 멍,
정서적 학대

　온 국민에게 충격을 주었던 '정인이 사건'으로
인해 아동학대에 대한 경각심이 매우 높아졌다. 느슨했
던 아동학대법이 더 강화됐고 시민들의 인식도 달라졌
다. 학대는 신체적 학대만을 의미하지 않는다. 아이가
가정에서 어떤 식으로든 불안과 공포를 느낀다면 그것
또한 학대다. 정인이에겐 의붓언니가 있었다. 의붓언니
는 어머니에게 직접적인 신체 학대를 당하진 않았지만
분명 정인이 만큼 무섭고 두려웠을 것이다. 그리고 어머
니 말을 듣지 않으면 본인도 폭력을 당할 수 있음을 직
감했을 것이다. 이런 상황 또한 학대다.

　아동학대는 크게 네 가지로 분류한다. 신체적 학
대, 성적 학대, 정서적 학대, 유기/방관으로 인한 학대가
그것이다. 정서적 학대를 제외한 나머지 학대는 모두 몸

에 물리적인 상처를 남긴다. 그래서 정인이처럼 타인에 의해 발견되기도 한다. 그러나 정서적 학대는 오직 마음에만 상처를 남긴다. 그렇기 때문에 다른 이가 눈치채기 어렵고, 남의 가정사라며 심각하게 여기지 않는다. 정서적 학대의 전형적인 유형은 심한 언어폭력, 가정폭력의 목격, 불안정한 애착과 소통의 부재다. 언어는 아무 흔적을 남기지 않기에 아주 가볍게 치부하지만 정서적 학대는 다른 학대와 마찬가지로 마음에 깊은 상처를 낸다.

'불신'이라는 병

"이 결혼, 당신 믿고 한 거 아니야. 나는 사람 안 믿어."

결혼한 지 얼마 되지 않아 내가 남편에게 날린 말이다. 잔뜩 날이 선 말에 남편은 적잖은 충격을 받았다. 믿지도 않으면서 왜 결혼했을까, 싶었단다. 사실 나는 남편만 못 믿은 것이 아니다. 나는 사람을 믿지 못했다.

가정은 세상의 작은 표본이다. 따뜻한 가정에서 자란 아이는 세상과 타인을 따뜻하게 바라보고, 무서운 가정에서 자란 아이는 세상과 타인을 두려워한다. 아이들이 태어나면서 바라본 부모와 가족이라는 울타리가 보이는 세상의 전부기 때문이다. 그래서 어떤 부모, 어떤 가정환경에서 자랐느냐에 따라 아이의 세상을 보는 시선과 타인에 대한 감정이 형성된다. 어떤 아이는 세상을 핑크빛으로 보지만 어떤 아이는 잿빛으로 보는 것이다. 다른 색으로 보이는 세상이 절대로 같을 리 없다. 그리고 안타까운 것은 모든 가정이 아이에게 핑크빛 시선을 물려주지 않는다는 것이다.

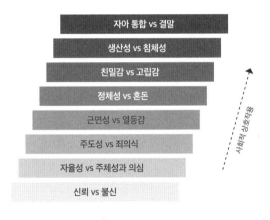

자아 통합 vs 결말

생산성 vs 침체성

친밀감 vs 고립감

정체성 vs 혼돈

근면성 vs 열등감

주도성 vs 죄의식

자율성 vs 주체성과 의심

신뢰 vs 불신

사회적 상호작용 →

[에릭 에릭슨의 심리사회적 발달 단계]

에릭 에릭슨Erik Erikson의 심리 사회적 발달 이론에 따르면 인간은 1단계 즉, 만 2세까지 세상과 양육자에 대한 신뢰를 배운다. 신뢰를 배우지 못한 아이는 세상을 불신하게 되고, 타인과 좋은 관계를 형성하지 못한다. 매슬로Maslow의 욕구 단계 이론을 봐도 가장 기본적인 생리적 욕구가 채워지고 나면 그다음으로 충족되어야 하는 것이 신뢰와 안정의 욕구다. 신뢰와 안정 욕구를 채우지 못하면 내적 안정, 자아실현을 이루기 어렵다.

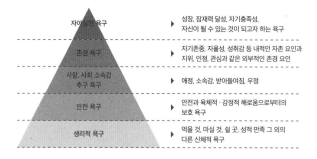

[매슬로의 욕구 5단계]

인간은 기본적으로 안정과 신뢰를 바탕으로 건강하게 자란다. 그렇기 때문에 양육에 있어서 부모의 역할이 무엇보다 중요하다. 신뢰와 안정 욕구는 절대로 혼자서 획득할 수 없기 때문이다. 혹여 부모가 부재하더라도 누군가 아이를 끝까지 안정적으로 지켜준다면 건강하게 자랄 것이다. 그러나 주양육자와의 신뢰와 애착을 제대로 형성하지 못하면 평생 타인과의 관계가 어려워진다. 애착과 믿음은 불신 혹은 불안으로 만들어지는 것이 아니기 때문이다.

부모와 애착을 형성하는 가장 중요한 요소는 '가정에서 존재적으로 인정받고 따뜻하게 수용되어 본 경험'이다. 스스로 '나는 괜찮은 아이', '사랑받는 존재'라는 존재적 인정을 경험해야 세상에 대한 호기심, 도전 의식이 생긴다. 그러나 학대를 받은 아이들은 이런 수용과 인정을 받아본 경험이 매우 드물다. 대신 양육자에게 존재적 거부나 비난, 인격 모독을 경험했기에 그들 마음에 '사랑받지 못하는 아이', '형편없는 아이'라는 각인이 새겨진다. 이런 자기 비하와 자기 부정은 학대적인 양육자와의 분리를 극도로 불안하고 두렵게 한다. 자신은 형편없는 아이기 때문에 어딜 가도 사랑받을 수 없다고 믿는 것이다. 자신을 낳아준 부모도 이렇게 무섭고 냉정한데 타인은 오죽할까, 두려워한다.

"딸은 아무짝에도 쓸데없다"는 할머니의 뿌리 깊은 편애와 방패가 되어 주지 못한 부모 밑에서 나는 존재적 인정을 경험하지 못했다. 증명하지 않아도 되는 내 존재를 부모에게 인정받으려고 애쓰는 것만큼 괴로운 것은 없었다. 그러니 타인이 나의 존재를 있는 그대로 인정해줄 것이라는 신뢰는 더더욱 생기지 않았다. 내 마음에 신뢰 대신 싹튼 불신은 후에 성인이 되고, 아내와 엄마라는 존재가 되어서도 내 발목을 잡는 족쇄가 되었다.

비교와
차별

"가시나가 오빠야 실내화도 안 빨고 집에서 뭐 하노. 더러우면 재깍재깍 빨아야 할 거 아이가!" 할머니의 잔소리는 매일 나에게만 쏟아졌다. 세 아들 중 둘째인 아버지를 유독 사랑했던 친할머니는 둘째 아들의 손자도 끔찍이 사랑했다. 할머니에게는 오빠 말고도 다른 손자 손녀가 많았다. 하지만 그중에 최고는 단연 오빠였고 덕분에 나는 당연한 듯 차별받았다. 그 냉혹한 비난과 차별의 원인을 뜯어 보면 내 잘못은 하나도 없다. 여자로 태어난 것도, 아버지를 닮은 것도 내가 선택한 것이 아니다. 할머니는 내가 사랑하는 아들을 닮은 것도 싫어했다. 가장 속상했던 것은 할머니의 차별과 냉대를 누구 하나 말리지 않았다는 것이다.

집에서 나는 절대로 넘지 못하는 벽이 있었고 공부, 외모, 재능 어느 하나 뛰어난 것이 없었기 때문에 '착한 딸'이라도 되어야 했다. '착한 딸'이라는 방패에 몸을 숨긴 나의 열등감은 점점 커져만 갔다. 겉으로는 순한 딸이었지만 냉혹한 차별과 불합리한 갈등을 마주하며 어른과 남자를 향한 분노와 증오가 마음에 차곡차곡 쌓였다. 겉으로 표현하지 못할 뿐이었다. 그러나 사춘기를 지나 성인이 되면서 쌓여 있던 분노와 증오가 터져나오기 시작했고, 나는 당황했다.

비교와 차별은 당하는 모든 이에게 부정적인 영향을 준다. 비교당하는 사람은 열등감을 느끼고 편애를 받는 사람은 교만해지다 곧 불안을 느낀다. 남보다 우월하다는 느낌이 지속되면 자신이 다른 사람들과 다른 특별한 존재같이 느껴진다. 그래서 쉽게 교만해져 사람들을 깔보는 것이다. 하지만 세상엔 나보다 잘난 사람들이 너무나 많기 때문에 금방 불안해진다. 그래서 비교가 익숙한 사람들은 자신보다 약한 사람에겐 강하고 자신보다 강한 사람에겐 한없이 비굴한 모습을 보인다.

마음공부를 시작하면서 가장 먼저 한 일은 나와 타인을 비교하는 것을 멈추는 것이었다. 인간은 본능적으로 비교를 한다. 말 못하는 어린아이도 빵을 잘라주면 조금이라도 큰 것을 잡고 장난감도 더 화려하고 큰 것을 고른다. 그러나 사람은 더 좋은 것, 더 큰 것을 가진다고 행복해지지 않는다. 내가 진짜 필요로 하는 것, 원하는 것을 가져야 행복하다. 그래서 나는 나를 향한 비교도, 타인을 향한 비교도 모두 멈추기로 했다.

우리는 태어날 때 성별, 태어나는 순서, 외모, 재능 어느 것 하나 선택하지 못한다. 주어진 것을 갖고 태어났을 뿐인데 비교, 차별당하는 것만큼 억울하고 화나는 것이 있을까? 뼈아픈 나의 경험을 내 아이들에게는 물려주고 싶지 않아 세 아이를 키우며 누구와도 비교하지 않으려 부단히 노력했다. 그리고 혹여 아이들이 그런 생각을 하지 않을까 늘 마음을 살폈다. 그렇게 나는 나의 과거를 위로했다.

정서적 학대의 유형

- **언어 학대**: 자녀에게 심한 욕설, 비판, 인격 모독적 언행, 비교와 차별의 말을 합니다.

  예 '너 같은 건 낳지 말았어야 했어', '너는 동생보다 잘하는 게 뭐가 있니?'

- **가정 폭력의 목격자, 부부싸움의 중재자 혹은 해결자**: 아이가 부모의 가정 폭력을 목격하게 합니다. 부부싸움 후 해명 없이 아이들을 방치하고 아이들을 소통의 도구나 인질로 삼습니다.

  예 '아버지한테 어머니 곧 집 나간다고 말해', '너는 꼭 나랑 산다고 말해야 돼', '너희들 아니었으면 벌써 이혼했다', '너 때문에 자꾸 싸우잖아!'

- **양육자의 심한 통제, 억압, 잔소리**: 자녀의 선택이나 욕구를 무시하고 부모가 원하는 대로 무조건 통제합니다.

  예 "너는 무조건 의사가 되어야 해. 알지?', '아버지 말대로 안 하면 용돈 없어!', '나 죽는 꼴 보고 싶어? 그럼 네 맘대로 해', '이렇게 부모 말 안 들을 거면 당장 내 집에서 나가!'

- **양육자의 무관심과 냉대**: 부모가 너무 바쁘거나 가정의 문제로 아이가 양육자로부터 전혀 관심을 받지 못하는 경우입니다. 자녀가 어떤 식으로 노력을 해도 양육자로부터 관심이나 인정을 받지 못하면 아이는 존재적 부정을 경험하고 무기력해집니다.

  예 "바쁘니까 저리 가', '엄마/아빠 아프니까 말썽부리지 마!'

차라리

삐뚤어질 걸

착한 아이
가면을 쓰다

그저 평범하고 특별한 재능도 없었던 나는 착한 딸이자 학생이었다. 집에서나 학교에서나 늘 착하고 순하다는 말을 들었다. 나조차 이것이 내 본모습이라고 착각했다. 그러나 그 착한 행동은 나의 열등감과 낮은 자존감을 가리는 방패였을 뿐이었다.

몇 년 전 방영된 드라마 〈사이코지만 괜찮아〉의 남자주인공 문강태는 전형적인 '착한 아이 증후군 Good boy syndrome, 자신의 감정을 숨기고 타인의 말에 순응하며 착한 아이가 되고자 하는 경향'이다. 아픈 형을 데리고 너무나 성실히 삶을 살아가는 청년으로, 남들이 꺼리는 일도 마다하지 않고 솔선수범하지만 그의 얼굴엔 기쁨도 슬픔도 보이지 않는다.

착한 아이 증후군은 어린 시절 양육 환경과 매우

밀접하게 관련되어 있다. '나는 착하지 않으면 사랑받을 수 없는 존재다. 나는 인정받지 못할 것이다'라는 마음에서 비롯된다. 착한 아이 증후군인 아이는 양육자로부터 사랑과 인정에 목마른 경우가 대부분이다. 〈사이코지만 괜찮아〉의 주인공 문강태도 "네가 아픈 형을 돌봐야 해. 그러려고 네가 태어난 거야"라는 어머니의 말이 족쇄가 되었다. 자신의 존재 이유를 어머니가 정해버렸기 때문이다.

부모의 이런 부담이나 기대는 자신을 점점 잃게 만든다. 자신이 원하는 삶보다 부모가 원하는 삶, 기대하는 삶을 살아가게 한다. 그렇게 부모와 주변 어른들의 기대를 채우며 착하다 인정받는 것만으로 만족하며 살기 때문에 어린 시절엔 크게 문제 되지 않는다. 그러나 성장하면서 자아가 발달할수록 정작 자신이 무엇을 좋아하고 무엇을 잘하는지 놓치게 된다. 억압된 감정과 욕구는 마음을 병들게 한다. 무기력감을 느끼거나 번아웃증후군Burnout syndrome, 우울증이 오기도 한다.

착한 아이 증후군의 또 다른 문제는 개인적 경계, 즉 심리적 경계를 세울 수 없다는 것이다. 자신의 삶에 심리적 경계를 든든히 세우는 것은 정신건강에 매우 중요하다. 스스로가 삶의 주도권을 가지고 있다는 믿음이 있어야 하기 때문이다. 그러나 착한 아이 증후군인 사람은 자신의 은밀한 공간과 에너지를 아무나 사용하도록 내버려 둔다. 마치 내 집 안방을 다른 사람에게 통째로 내어주는 것과 같다. 그래서 정작 자신이 쉴 공간은 없다. 이로 인해 쉽게 피곤해하거나 우울해지고 또 이들의 착한 마음을 악용하는 사람들에게 상처를 받기도 한다. 이런 일들이 반복되며 자존감은 더 낮아지고, 악순환이 계속된다.

아이는 무작정 착하기보다 건강하고 밝은 아이로 자라야 한다. 그리고 아이답게 커야 건강하다. 아이답게 큰다는 것은 사회의 구성원으로서 아이가 배워야 할 것을 배우고 발달 수준에 맞게 성장하는 것이다. 아이들은 원래 인내심이 부족하고 충동적이며 감정적이어서 때로는 짜증 내고, 고집도 부리고 말썽을 피우면서 부모를 속상하게 한다. 부모는 그런 아이를 끝까지 사랑으로 인내하고 믿어주며 바르게 양육해야 한다. 착한 아이보다 마음이 건강한 아이로 자라야 성숙하고 행복한 어른이 된다.

독립적이라는
나만의 착각

하루는 친구 집에 숙제하러 가려고 대문 밖을 나섰다. 집 앞 시장을 지나 길 건너에 있는 아파트에 사는 친구 집엔 장난감도, 인형도 많았다. 같이 숙제도 하고 장난감도 가지고 놀 생각에 기분 좋게 시장을 지나치려는 순간, 어떤 아저씨가 내 어깨를 감쌌다. 그리고 작은 칼을 내 옆구리에 대곤 조용히 따라오라고 했다. 얼굴이 익은 시장 아주머니에게 도움을 청할까, 아니면 시장통으로 도망가버릴까 고민했지만 결국 아무것도 하지 못했다. 그는 나를 끌고 내가 왔던 길을 되돌아갔다. 그러곤 우리 집 근처 숲이 우거진 공터로 들어가더니 나에게 꼼짝하지 말라고 하곤 갑자기 허겁지겁 허리띠를 풀기 시작했다. 그의 손아귀에서 벗어난 나는 거기서 채 십 미터도 되지 않는 거리에 있는 집으로 냅다 도망쳤다.

놀란 가슴을 부여잡고 울면서 어머니에게 갔다.

"어머니 이상한 아저씨가요, 나를……"

이 상황을 어떻게 설명해야 할지 몰랐던 나는 횡설수설했다. 그때 나는 고작 국민학교 2학년이었다.

"그러니까 밖으로 싸돌아다니지 말랬지!"

집에서 아버지 일을 돕느라 바빴던 어머니의 목소리는 매서웠다. 나는 더 이상 아무 말도 하지 못하고 혼자 방으로 돌아와 울었다. '그래, 나쁜 아저씨를 만난 건 내가 싸돌아다녀서 그런 거구나' 하며. 이 일은 오래도록 나만의 숨기고픈 비밀이었지만 어른이 되고 보니 나와 비슷한 경험을 한 여성들이 생각보다 많다는 것을 알았다.

엄마의 말에 따르면 내가 나쁜 아저씨를 만난 것은 내가 밖에 나갔기 때문이다. 그러니 모든 것은 내 탓이고 내 책임이었다. 내 잘못이 아닌 일도 결국 내 잘못이 되는 세상은 내게 비빌 언덕이 되어 주지 못했다. 무관심한 아버지와 바쁜 어머니가 있는 집에 나는 어떤 문젯거리도 가져가서는 안 되었다. 그러니 뭐든 알아서 잘해야 했다. 나는 부모에게 신경 쓸 것 없는, 손 안 가는 딸이었지만 사실 내 마음 깊은 곳에서는 누구도 믿지 못하는 불신이 자라고 있었다.

나의 독립심은 허상이었다. 남에게 민폐를 끼치는 것을 죽기보다 싫어했고 또 누군가 내 영역을 침범하는 것이 부담스러웠다. 다른 사람과 마음으로 소통하는 것이 무척 어려웠다. 누군가에게 민폐를 끼치지 않으니나 스스로 문제가 있다고 생각해본 적도 없었다. 그러나지나고 보니 나는 독립적인 사람이 아니라 '고립된 사람'이었다.

독립적인 사람은 다른 사람들과 건강하게 소통한다. 자신의 능력 안에서 누군가를 도와주기도 하고 필요할 땐 도움을 요청하면서 든든히 연결되어 있다. 집에 적절한 크기의 창문과 대문을 두어 주변 환경이 돌아가는 것을 보고 이웃과 소통하면서 서로 드나들다 밤이 되거나 비바람이 몰아치면 창문을 잘 닫고 문단속하면서 자신을 보호하는 것과 같다. 이렇게 개인의 프라이버시는 존중하되 서로 관심을 가지고 소통하며 사는 것이 건강한 독립이다. 그러나 고립된 사람은 창문도 없는 성 안에 홀로 있는 것과 같다. 성 밖에는 온통 나를 공격해올 적군밖에 없는 것처럼 잔뜩 경계하며 산다. 따라서 본인의 안위를 챙기는 것도 힘에 부친다.

상담학을 공부하며 나는 독립적인 게 아니라 회피성 성격장애Avoidant Personality Disorder라는 것을 알았다. 회피성 성격장애가 있는 사람들의 주요 심리는 상처받고 싶지 않아 홀로 있기를 선택하는 것이다. 거절이나 비판, 문제 해결 혹은 갈등 상황에 놓이는 것이 싫어서 그 상황을 피하거나 책임을 맡지 않으려는 것이다. 본질적으로 보자면 불안과 두려움이 크지만 그래도 맡은 바 일은 성실히 하기에 심각하게 부각되지 않을 뿐이다.

　　돌이켜보면 나도 케미스트리chemistry가 맞지 않는 사람에게는 마음의 벽을 쌓고 절대 마음을 주지 않았다. 반대로 내가 아무리 좋아하더라도 떠나는 사람을 붙잡지 않았다. 그렇게 인간관계에서 예상되는 불편이나 실패 혹은 거절을 내가 미리 차단하는 편이었다. 이런 회피 성향인 사람은 홀로 안전하게 살아갈지는 몰라도 내면이 성장하거나 성숙하지는 못한다. 내면의 성숙은 실패와 실수를 통해서 새롭게 배우고 조율하는 데서 시작하기 때문이다. 이런 훈련은 나와 완전히 다른 타인과의 교류 속에서만 가능하다. 그런데 회피 성향이 있는 사람들은 도전과 실패 그리고 거절이 너무 두렵고 아프다. 그래서 고립을 선택하는 것이다. 나 또한 겉으로는 독립적이고 책임감 있는 사람처럼 행동했지만 더 이상 상처받고 싶지 않아 마음속에 나만의 성을 만들고 있었다.

　　모든 문제 해결의 시작은 문제를 인정하고 직면

하는 것이다. 나의 과도한 친절과 독립심 안에는 타인으로부터 인정받고 싶으면서도 불신하는 이중적인 감정이 있었다. 이것은 나의 성장과 성숙을 막았다. 나는 용기를 내 착한 아이 가면을 벗고 성 밖으로 나와야 했다. 사람에게 상처를 받아 생긴 마음의 병 또한 사람에게서 치유될 수 있다는 것을 몸소 배워야만 했다. 타인에게 나의 본모습을 있는 그대로 보여줘도 괜찮다는 것, 실수하고 실패하는 것은 부끄러운 것이 아니라는 것, 세상에는 나를 비난하는 사람보다 격려하고 응원하는 사람이 더 많다는 것을 직접 경험해야 마음의 병이 낫는다는 것을 깨달았다.

착한 아이 증후군 체크리스트

항목	YES	NO
어린 시절부터 착하다는 칭찬을 자주 들었다.		
착하게 행동해야 내 존재가 증명되는 것 같다.		
착한 것 말고는 다른 재능이나 매력이 없는 것 같다.		
다른 사람의 부탁이나 거절이 힘들다.		
타인의 기준이 익숙해서 내가 뭘 좋아하고 싫어하는지 모르겠다.		
화를 내거나 짜증을 내는 것이 어렵다.		
타인의 평가나 지적에 유난히 예민하고 괴로워한다.		
타인과의 갈등이 있을 때 주로 내가 참는다.		
착하지 않으면 아무도 날 좋아하지 않을 것 같다.		
나의 삶보다 가족, 직장에서의 책임이 더 중요하다.		
타인의 기대와 비위를 맞추는 것이 너무 힘들어 때로는 혼자가 편하다.		

☑ 위의 체크리스트 중에서 3~4가지 이상 해당된다면 자신의 마음을 잘 살펴보길 바랍니다. 과도한 선행은 자신의 연약한 내면을 보호하기 위한 방어기제일 수 있습니다. 타인의 기준에 맞추려는 지나친 노력은 내 마음을 병들게 할 수 있습니다. 무조건 착한 사람이 되기보다 자신답게 살아가야 합니다.

나도

더 이상은 못 참아

무너진 꿈,
무너진 기대

　가난이 모든 문제의 원인이라고 생각한 부모님
은 정말 성실히 돈을 벌고 모았다. 돈이 마치 생명줄인
양 집에서 밥값을 하지 못하는 식구는 용납하지 않았다.
부모님은 우리가 무조건 안정적으로 돈을 벌 수 있는 직
업을 가지길 바랐다. 그러니 영화와 소설을 좋아하는 오
빠와 별 재능도 없어 보이는 나는 늘 아버지의 걱정거리
였다. 그 당시 나는 그림을 그리고 만드는 것을 좋아했
다. 사촌 동생들이 오면 항상 종이 인형에 입혀줄 옷이
나 장신구 등을 그리며 놀았고 크리스마스가 다가오면
잠도 자지 않고 같은 반 아이들에게 줄 카드를 손수 그
리고 색칠하며 만들었다.

　　늘 눈치만 보면서 자란 나는 부모님의 눈빛, 행
동, 표정에 예민할 수밖에 없었다. 부모님이 싫어할 만

한 행동은 절대 하지 않았다. 혼나는 것이 싫었고 집안에 불화를 만드는 것은 더더욱 싫었다. 그래서 미술 이야기는 꺼내지도 못했다. 아주 어릴 때부터 미술학원에 가고 싶었지만 허락하지 않을 것을 알았기 때문이다.

시간이 흘러 중학생이 되었지만 그림에 대한 열망은 사라지지 않았다. 혼자서 잡지나 만화책에 나온 사진과 그림을 따라 그려보면서 마음이 더 커졌다. 그림 그리는 시간이 너무나 즐거웠고 미술학원에 가서 한번 제대로 배워보고 싶었다. 혼자서 고민하기를 몇 달. 고심하고 또 고심하며 마음고생을 한 나는 내 평생 손꼽을 수 있는 가장 큰 용기를 내었다. 그 당시 천 원 한 장도 쓸데없는 곳에 쓸 수 없었던 어머니는 이런 상황에서도 무기력했다.

유행하던 비싼 청바지나 메이커 운동화를 사달라는 것도 아니었고 만화방이나 오락실에서 용돈을 모두 탕진한 것도 아니었다. 그러나 나는 아버지 앞에 죄인처럼 무릎을 꿇고 앉아 있었다. 마치 절대로 해서는 안 될 짓을 저지른 아이처럼. 다 기어들어가는 목소리로 그림을 배우고 싶으니 미술학원에 보내 달라고 말했다.

"네까짓 게 그림을 그리면 얼마나 잘 그리냐!"

아버지는 세상 한심하다는 눈빛으로 말했다. 그 뒤로 예술은 머리에 똥이 든 애들이나 하는 것이라며 잔소리가 시작되었다. 물론 나도 아버지가 단번에 허락할 것이라고는 생각하지 않았다. 하지만 적어도 "그럼 지금까지 네가 그린 그림이 있으면 한번 가져와 봐라" 정도의 관심은 보일 줄 알았다. 내가 그때까지 그린 그림들로 부모님을 어느 정도 설득할 수 있을 줄 알았다. 그러나 그것은 나만의 착각이었다.

이 사건을 계기로 나는 마음의 문을 완전히 닫았다. '그래, 아버지는 내 마음 같은 건 안중에도 없구나. 그럼 나도 아버지에게 이런 부탁 같은 것은 다시 하지 않으리라' 다짐했다. 그리고 그 이후 아버지와 그 어떤 깊은 대화도 하지 않았다. 자식의 꿈보다 돈이 더 중요한 아버지에게 그렇게 복수하기로 마음먹은 것이다.

진짜 아팠던 건
무관심

내가 아버지에게 상처를 받은 이유는 미술학원에 보내주지 않아서가 아니다. 그때 조금이라도 내게 관심을 보이고 내 이야기를 들은 다음 아버지의 의견을 이야기했더라면 설사 미술학원에 가지 못했더라도 이렇게 오랫동안 뼈아픈 상처로 남지는 않았을 것이다. 내가 가장 화나고 슬펐던 것은 아버지는 내게 '완벽하게 무관심했다'는 것이다. 나를 조금만 관심 있게 지켜봤다면 내가 미술에 재능이 있는 아이라는 것을 알았을 것이다. 그러나 아버지는 전혀 몰랐다. 아니, 알려고도 하지 않았다. 그 무관심이 마음속에 비수로 박혔다.

아이들이 부모에게 진심으로 바라는 것은 자신을 향한 조건 없는 관심이고 함께 보내는 시간이다. 그 관심을 받기 위해 문제행동을 보이고 떼를 쓰기도 한다. 그러나 많은 부모가 그런 아이들의 마음을 잘 모른다. 아이들의 문제행동을 뜯어고치려 강압적인 훈계를 하거나 물질적인 보상으로 마음을 달래줄 뿐이다. 이런 접근은 아이들의 마음에 더 큰 상처를 남긴다.

내가 엄마가 되어 자식을 낳고 키워보니 아이들의 기질과 성향은 아주 어릴 적부터 나타난다는 것을 알게 되었다. 사람을 좋아하는 아이, 낯선 곳을 두려워하는 아이, 조용히 책을 읽거나 그림 그리는 것을 즐기는 아이, 동물이나 자동차를 좋아하는 아이. 조금만 관심을 가지고 관찰해도 내 아이의 성향이 너무나 잘 보였고, 그 성향은 성장하면서 모양새는 달라질지라도 크게 바뀌지 않았다.

내 부모님은 내가 무슨 생각을 하고 무슨 고민을 하는지, 무엇을 좋아하고 싫어하는지 전혀 몰랐다. 부모의 무관심은 나를 아프게 했고 내 존재를 무의미하게 만들었다. 이 사건을 계기로 순하고 착한 딸이 되어야 하는 이유가 사라졌다. 내가 부모님 말을 잘 듣고 착하게 지내면 언젠가 내 마음에도 관심을 가져줄 것이라 기대했다. 그 기대가 박살이 나자 나는 더 이상 착한 딸이 되고 싶지 않았다. 그렇게 나는 가정 안에서 소통을 거부하며 마음의 문을 닫았다.

어른에 대한 환상이 깨지는 시기,
사춘기

많은 부모가 자녀의 사춘기를 두려워한다. 사춘기가 되면 아이의 반항이 시작되기 때문이다. 그러나 인간의 발달 단계상 사춘기의 반항은 너무나 자연스러운 현상이다. 아이들이 사춘기쯤 되면 사고가 성장해서 부모와 가정의 불합리와 부조리가 눈에 보이기 시작한다. 어릴 땐 부모가 하늘이고 법이고 진리지만 점점 아이가 자라고, 책을 읽고, 학교에서 다른 경험과 지식을 쌓으면 부모가 보여준 세상이 다가 아니라는 것을 깨닫기 시작한다. 그래서 자신이 경험했던 세상에 대한 실망감을 드러내기도 하고, 자신이 원하는 삶을 이루고 싶어한다. 이때는 부모가 원하는 세상과 아이가 원하는 세상이 다를 때가 많다. 그래서 부딪히는 것이 사춘기다. 이 말은 어떤 면에서 모든 아이가 심각한 반항을 하는 것은 아니라는 뜻이기도 하다. 가정 안에서 건강한 소통을 하고 부모의 인간적인 부족함과 연약함을 이해시키며 아이들의 건강한 독립을 지지하는 가정이라면 아이들이 이유 없이 삐뚤어지지 않는다.

심리치료사들이 가정에서 문제행동을 보이는 아이들을 만날 때 흔히 아이들이 이제 'payback time(되갚아주는 시간)'을 시작했다고 말한다. 부모가 뿌린 씨앗을 거두는 시간이라는 뜻이다. 우스갯소리로 북한보다 무섭다는 중2병 사춘기 반항은 어떤 면에서 보면 부모의 욕심으로 자녀를 무리하게 공부시키며 경쟁, 비교로 몰고 가거나 이유 없는 무관심과 차별, 억압을 한 결과가 아닐까 싶다. 그 나이가 되면 그것이 자신을 향한 진정한 사랑이 아니란 것을 몸과 마음으로 느끼기 때문이다. 또 가정 안에서 아이들과의 정서적 결핍과 소통 부재의 결과가 폭발하는 시기가 사춘기다. 아이들은 중학교에 들어가면 몸도 성장하지만 사건과 현상을 다양하게 바라보고 이해하는 통찰력도 함께 자란다. 그래서 자신만의 가치관과 생각으로 무엇이 옳고 그른지를 판단할 수 있게 된다.

나 또한 중학생이 되고 나서야 내가 집에서 당했던 남녀차별이 일반적인 것이 아니라는 것을 알았다. 그리고 모든 가정에 고부 갈등이 있는 것도 아니고, 모든 부모가 우리 집처럼 자주 싸우지도 않는다는 것을 알았다. 무엇보다 모든 부모가 그렇게 자녀에게 냉랭하거나 강압적이지 않다는 것에 충격을 받았다.

아이들도
분노하고 복수한다

"제발 그만 좀 울어!"

병원에서 주사를 보고 잔뜩 겁먹은 나는 울음이

터졌다. 어릴 적부터 목청이 유난히 컸던 내가 병원이 떠나가라 울어대니 당황한 어머니의 손이 날아왔다. 나는 너무 운다고 어머니에게 참 많이 맞았다. 겁이 많았던 나는 우는 것 말고는 감정표현을 할 줄 몰랐고 어머니도 체벌 말고는 어떻게 나를 다루어야 하는지 몰랐다. 그리고 그 모든 상황에서 아버지는 주로 방관자 역할을 했다. 나는 어머니보다 아버지가 더 원망스럽고 미웠다. 어머니는 나를 때려도 어머니 삶에서의 우선순위는 무조건 자식이었다. 그 어린 나이에도 그걸 느낄 수 있었다. 하지만 아버지는 아니었다. 아버지의 우선순위는 할머니였고 당신의 형제였으며 돈이었다. 그것을 안 순간부터 아버지는 내 삶의 우선순위 밖으로 밀려났다.

그즈음부터 나의 차별 대상인 오빠를 무작정 미워했고 한 집안의 가장이면서 늘 남의 편인 아버지에게 분노했다. 오빠의 사춘기 어린 장난질이나 아버지의 손길을 혐오하고 경멸했다. 마치 남자에게 원수라도 진 사람처럼. 누구에게도 말하진 못했지만 나의 분노는 생각보다 매우 컸다. 마치 마음에 시한폭탄을 하나 안고 사는 것 같았다. 정말 누구 하나 건드리기만 하면 금방이라도 터져버릴 것 같았다. 나를 망가뜨려서라도 복수하고 싶다는 생각도 했었다. 나 때문에 부모님이 처절히 괴로워하길 바랐다. 그러나 그 마음을 실천으로 옮기지는 않았다.

많은 비행 청소년이 부모에게 복수하는 방법으로 자기 자신을 망가뜨리는 것을 선택한다. 자신을 망가뜨려 가면서까지 부모의 마음을 아프게 하거나 부끄럽게 하고 싶기 때문이다. 그들의 마음을 나는 너무나 잘 안다. 그건 어린 자신의 아픔을 한 번만이라도 제대로 봐달라는 간절한 외침이자 절규다.

소년범 호통 판사로 유명한 천종호 판사에 따르면 청소년 비행 행동의 주원인은 가난도, 가정의 붕괴도 아닌 양육자와의 애착 손상이라고 한다. 부모와의 애착 형성이 잘 된 아이들은 가난이나 부모의 이혼에도 크게 영향을 받지 않는다는 것이다. 부모와 함께 살고 경제적으로 여유가 있어도 부모의 사랑을 느끼지 못하는 아이들의 마음은 방황할 수밖에 없다.

어릴 땐 으름장이나 협박으로 자식들을 다스리던 아버지는 내 몸이 자라고 목소리가 커지자 오히려 뒤로 물러났다. 시간이 지나면 괜찮아지겠지, 하고 생각하는 것 같았다. 회피. 이것이 아버지의 문제 해결 방식이었다. 그렇게 그와 나의 심리적 거리는 점점 멀어져 갔다. 가족들은 내가 사춘기라 그런 것이고 시간이 지나면 괜찮아지리라 막연히 기대했겠지만 시간이 흘러도 그 간격은 좁힐 수 없었다. 아버지는 단 한 번도 남편이나 아버지로서 아내나 자식들을 선택한 적이 없었다. 집안 분란의 중심이었던 할머니가 돌아가시고 나서도 우리는 그 멀고 깊은 심리적 강 앞에서 팽팽하게 맞서기만 했다.

그나마 나는 이렇게 반항이라도 할 만큼 마음이 건강했는지도 모른다. 심리치료사가 되고 나서 학교에서 상담을 하며 만나는 아이들을 보면 이런 반항조차 하지 못하는 아이들이 꽤 많다. 부모의 억압과 욕심에 굴복당한 아이는 후에 우울증 또는 심각한 정신질환을 일으키거나 성인이 된 후에 다른 형태로 부모에게 복수하기도 한다.

인생에 있어서 부모와 자녀가 하나가 아니라는 것을 깨닫게 해주는 사춘기는 꼭 필요한 과정이다. 부모와 자녀가 서로 분리되어 각자의 인생을 만들어가는 힘을 키우는 것은 너무도 중요하다.

나의 사춘기에게

누구나 인생에 한 번쯤 사춘기가 찾아옵니다. 성장과 독립에 대한 욕구는 인간의 본능이기도 하고 건강한 발달을 위해 꼭 거쳐야 하는 과정입니다. 다만 그 시기는 개개인의 성향이나 환경에 따라 다릅니다. 어린 시절 사춘기를 겪은 사람은 인생 후반을 주도적으로 살아갈 가능성이 큽니다. 오히려 이런 변화와 성장을 제대로 경험하지 못했을 때 성인이 되어 심한 정체성의 혼란과 갈등을 겪기도 합니다. 여러분은 사춘기를 잘 보냈나요? 아직 겪지 않았다면 앞으로 겪을 사춘기를 잘 보내기 위해 스스로에게 질문을 던져봅시다.

- 어린 시절 이루지 못한 꿈 또는 좌절된 욕구가 있나요?
- 좌절된 욕구가 있다면 무엇이며 왜 이루지 못했나요?
- 어린 시절의 나는 어떤 아이였으며 무엇을 좋아하고 싫어했나요?
- 현재의 나는 무엇을 좋아하고 무엇을 싫어하나요?
- 어린 시절 이루지 못해 후회하는 것이 있나요?
- 현재의 꿈과 소원은 무엇인가요?
- 무엇을 하면서 여생을 살고 싶나요?
- 세상을 떠난다면 남은 이들에게 어떤 사람으로 기억되고 싶나요?

2막

미국에서의
새로운 시작

한 사람의 법칙:

온전히 내 편인 사람 하나면

무너지지 않는다

함께 살얼음판을 걸으며
불행을 잘게 나누다

책상 위로 오빠가 카세트테이프 하나를 건넸다.

"공부할 때 들어. 라디오 듣다가 네가 좋아하는 노래가 나와서 녹음했어."

카세트테이프 뒤에는 오빠가 손수 쓴 노래 제목들이 깨알같이 적혀 있었다. 다 내가 좋아하는 가요와 영화음악 들이었다.

어린 시절 내 마음은 언제 깨질지 모르는 차가운 살얼음판 같았다. 이 얼음판이 깨질까 봐 두렵기도 했지만, 차라리 산산조각 나 물속으로 가라앉았으면 좋겠다는 생각도 했다. 그렇게 그 불안과 공포가 차라리 끝났으면 했다. 그러나 그때 나를 붙잡아준 사람들이 있다. 나의 오빠와 사촌 동생들이었다.

나보다 두 살 위인 오빠는 참 믿고도 고마운 존

재다. 살면서 오빠로부터 복잡 미묘한 감정을 정말 많이 느꼈다. 한 많은 할머니와 불행한 어머니의 유일한 기쁨이었던, 밑 빠진 독 같은 아버지의 기대를 한몸에 받았던 오빠는 집안의 자랑이었지만 가족 불화의 중심에 있기도 했다. 그 당시엔 온 식구가 오빠에게만 관심과 사랑을 보여서 오빠를 미워하기도 했다. 그러나 그 사랑은 오빠를 분명 숨 막히게 했을 것이다.

지금 생각해보면 그래도 오빠 덕분에 집에서 숨을 쉴 수 있었다. 똑똑하고 글쓰기에도 소질이 있었던 오빠는 내게 언니 같은 존재였다. 죽일 듯이 서로 싸우기도 했지만, 여자 마음을 잘 아는 오빠와 대화도 잘 통했고 사이좋게 놀 땐 그 누구보다 재미있는 사람이었다.

어머니만큼이나 불행한 결혼 생활을 했던 이모와 그녀의 딸들도 나만큼 힘든 시절을 보냈다. 그 시절 갈 곳 없던 이모는 사촌 동생들을 데리고 우리 집에 자주 왔었고 우리는 하루가 멀다 하고 만났다. 함께 목욕탕도 가고 숙제도 하며 그 주에 나온 신작 비디오를 틀어 놓고 키득거렸다. 그렇게 자주 만나면 싸울 만도 하건만 우리 넷은 그런 적이 없다. 누군가 부모 사이가 나쁘면 형제지간이 돈독해진다고 했던가. 딱 그 모양새였

가족이지만
타인입니다

다. 어떤 날은 이모가 울면서 하소연을 하고 또 다른 날은 어머니가 드러누워도 함께했던 그 시간만큼은 불안하지 않았다. 현실을 잊을 수 있는 유일한 시간이자 숨을 쉴 수 있는 시간이었다. 이렇게 내가 무너지지 않도록 잡아준 존재들 덕분에 그 시절을 버티었다.

진정한
소통

심리치료사가 환자의 상태를 진단하고 파악할 때 중요하게 고려하는 것이 몇 가지 있다. 가장 중요한 것은 환자 개인의 심각성이나 증상이다. 그다음은 지지 집단support group, 즉 주 양육자 외에 환자와 연결된 다른 사회적 집단(조부모나 친척, 가까운 친구, 동호회 등)과의 소통 여부다. 아무리 환자의 증상이 심각해도 그 주변에 환자가 믿고 소통할 만한 사람이 많고 자신이 좋아하는 활동을 지속적으로 하고 있으면 환자의 예후를 긍정적으로 내다본다. 반대로 환자의 상태가 심각하지 않더라도 주변과 소통이 되지 않고 믿을 만한 사람이 없는 환경이라면 환자의 예후는 그리 긍정적이지 못하다. 고립과 불통은 마음 회복의 가장 큰 장벽이기 때문이다.

〈그 해 우리는〉이라는 드라마는 지지 집단의 중요성을 잘 보여준다. 세 주인공의 가정을 보면 우리가 흔히 생각하는 일반적인 가정은 등장하지 않는다. 여자 주인공 국연수는 고아다. 남자주인공 최웅은 어린 시절 부모에게 버려진 입양아다. 또 다른 남자주인공 김지웅의 어머니는 미혼모다. 이 세 사람 모두 객관적으로 보면 매우 불우한 어린 시절을 보냈다. 그러나 그들 모두 나름 잘 성장했다. 그 이유는 그들 주변에 좋은 사람들이 있었기 때문이다. 국연수에겐 자신을 끔찍이 아끼는 할머니와 자신을 사랑해주는 최웅이 있었고, 최웅에겐 마음 따뜻하고 사랑 많은 양부모와 형제 같은 친구 김지웅이 있었다. 그리고 김지웅에게도 친형제 같은 최웅과 아들처럼 자신을 챙겨주는 최웅의 부모가 있었다. 그들은 그렇게 연결되어 서로를 받쳐주었다.

인생이란 결국
나만의 한 사람을 찾는 여정

우울, 불안 그리고 중독 등과 같은 정신질환에

대한 색다른 시각을 제시한 요한 하리Johann Hari는《물어
봐줘서 고마워요》(김문주 옮김, 쌤앤파커스, 2018)에서 이런
정신질환의 근본 원인을 유전이나 뇌과학이 아닌 타인
과 세상과의 단절로 본다. 그는 현대사회는 마치 인터넷
으로 모든 사람과 연결될 수 있는 세상처럼 보이지만 오
히려 마음과 마음은 공유하고 소통하지 못하는 사회에
살고 있다고 지적했다. 이런 의미 없는 정보 전달과 과
시용 소통은 사람들을 더 외롭고 공허하게 하고, 그 공
허함과 외로움을 채워줄 다른 대체물(술, 마약, 게임, SNS,
섹스, 성공, 쇼핑)을 찾거나 정신적으로 한없이 방황(우울
과 불안)하게 만든다는 것이다.

　　저자의 말에 따르면 SNS는 어떤 면에선 진정한
소통이 아니다. 우리는 SNS를 통해 정보를 공유하고, 재
미를 나누고, 내 삶을 과시하고 자랑하지만, 정작 아픔
이나 상처는 나누지 않는다. 또한 누군가 내 영역을 침
범하고 관여하는 것을 극도로 싫어하며, 다른 사람의 고
통이나 짐을 알려 하거나 품어주려고 하지 않는다. 이렇
게 심리적 단절이 심각한 사회에 살고 있기 때문에 현대
인들의 정신질환이 급증한다는 것이다.

　　《회복탄력성》(김주환, 위즈덤하우스, 2019)에서는

회복탄력성 이론의 근간이 되는 심리학 실험인 하와이 카우아이섬 연구에 관한 이야기가 나온다. 불행한 가정에서 자란 아이들 대부분이 부모처럼 불행한 삶을 되풀이할 것이라 예상하고 시작된 연구는 의외의 결과를 보여주었다. 에미 워너는 그들 중 30%가 건강한 성인으로 성장했으며 그들을 추적한 결과 그들 곁에는 부모 외에 한결같이 자신을 사랑하고 아껴주는 '한 사람'이 있었다는 사실을 찾아내었다. 아무리 불우한 어린 시절을 보냈더라도 자신을 믿어주고 지지하고 진정으로 사랑하는 한 사람만 있으면 사람은 무너지지 않는다는 것이다.

어쩌면 인간의 인생은 그 '한 사람'을 찾아 헤매는 여정일지도 모른다. 크고 작은 역경이나 실패에 적극적으로 대처하고 견뎌내는 능력인 회복탄력성도 그 토대는 '주변에 마음을 터놓을 믿을 만한 사람이 있는가'에 있다. 현대사회를 살아가는 사람들이 겪는 총체적인 우울과 불안도 그 '한 사람'과 연결되지 못했기 때문일 것이다. 함께 사는 부모가 자녀에게 그리고 배우자 서로가 그 한 사람이 되어주면 가장 이상적이겠지만 현실은 그렇지 못하다. 지금도 수많은 가정이 깨지고 있고 수많은 가족이 서로를 비교하고 비난하면서 타인보다 못한 관계를 맺고 있다.

스마트폰에 저장된 수백 명의 인맥보다, 수십, 수백 만의 SNS 팔로워나 유튜브 구독자보다 온전한 내편이 되어 줄 '한 사람'이 훨씬 중요하다. 그 한 사람을 찾기 위해 내 시간과 비용을 들이는 것은 무엇보다 가치 있고 중요한 일이다.

나만의 안전지대를 찾자

안전지대는 물리적으로 안전한 장소만을 뜻하는 것이 아니라 힘들고 지칠 때 쉼을 얻고 차분해질 수 있는 '심리적 공간'을 말합니다. 누군가에겐 자신의 방이나 침대, 바닷가일 수 있고 누군가에겐 부모나 친구와의 대화, 반려동물과 보내는 시간, 산책, 독서, 운동일 수도 있습니다. 즉, 안전지대는 물리적 공간을 초월하는, 본인이 믿고 위로받을 수 있는 모든 공간과 활동, 사람인 것입니다.

여러분의 안전지대는 무엇인가요? 이 질문에 금방 대답할 수 있다면 감정적으로 의지하고 힘을 얻을 수 있는 안전한 곳이 있다는 것입니다. 이 질문에 답하지 못하거나 술이나 게임, 담배, 단 음식 등이 생각난다면 위험신호입니다. 술이나 게임, 단 음식은 건강한 안전지대가 아닙니다. 그런 것들은 하면 할수록 죄책감과 수치심을 남기고 더 나아가 중독, 비만, 질병 등 일상생활에 부정적인 결과를 일으키는 경우가 많아 후에 더 큰 스트레스를 낳는 악순환을 만듭니다.

나만의 안전지대가 떠오르지 않는다면, 자신이 언제 가장 즐겁고 행복한지 생각해보기 바랍니다. 자신의 마음을 잘 읽는 사람만이 행복해질 수 있습니다. 안전지대가 다양할수록 스트레스, 감정 조절 능력이 높아집니다. 우리가 갑자기 아플 때 상비약이 필요하듯 스트레스에 대비하는 상비약이 다양한 것이기 때문입니다.

나만의 안전지대를 찾으시길 바랍니다. 살아가다 보면 예기치 않은 사건 사고를 만나거나 실수와 실패를 경험하기 마련입니다. 그때 나의 안전지대에서 쉼을 얻고 에너지를 충전하여 다시 일어나면 됩니다. 이것이 바로 회복탄력성의 기초입니다.

사랑도 받아본 사람이

주는 것이다

마음속 목소리는
곧 현실이 되고

중간고사를 일주일 앞둔 어느 날. 나는 어김없이 책상 앞에 문제집과 연습장을 펼치고 앉았다. 연습장에 영어 단어들을 여러 번 써가며 외워보지만 마음이 불안했다. "해도 안 될 거야. 나는 머리가 나쁘니까 다른 사람들보다 몇 배는 더 노력해야 해." 이런 말들이 머릿속을 헤집었다.

내 학창 시절 공부는 늘 이런 식이었다. 나는 오빠에 비해 배우는 것이 느렸다. 게다가 부모님이 부부싸움을 하거나 할머니와 어머니가 싸우기라도 하는 날이면 학교 수업에 전혀 집중하지 못했다. 어머니가 혹시 집을 나가지는 않을까 노심초사했기 때문이다. 당연히 내 성적은 좋을 리 없었다.

'나는 머리가 나쁘니까', '나는 바보니까' 이런

마음속 목소리는 늘 현실이 되었다. 아무리 오빠보다 책상에 오래 앉아 공부를 해도, 연습장을 다 채울 만큼 빼곡하게 쓰면서 외우고 또 외워도 마찬가지였다. 부모님은 내가 확실히 오빠보다 공부 머리가 없고 아이큐가 낮다고 확신했다.

공부 머리가 없다고 철석같이 믿었던 나는 우여곡절 끝에 지방대 아동학과로 진학했다. 원했던 미술은 할 수 없었지만 어릴 때부터 아이를 좋아했기에 유치원 선생님이 되기로 했다. 그리고 그 선택은 내 인생을 통틀어 가장 잘한 일 중 하나가 되었다. 꽤 단순한 이유로 선택한 전공이었지만 그곳에서 인간으로서 한 걸음 더 성장할 수 있었다. 아동학(지금은 유아교육학과로 바뀌었다)을 공부하며 인간에 대해 이해할 수 있었고, 그동안 몰랐던 새로운 세상도 알게 되었다.

남들은 졸업이나 취업을 위한 공부였겠지만 나는 공부하며 어린 시절부터 느꼈던 복잡한 감정, 그리고 이해되지 않았던 부모님 행동의 원인을 찾을 수 있었다. 또 사람의 뇌는 어떻게 작동하며 기억은 어떻게 저장되는지, 어떻게 공부해야 기억에 좀 더 오래 남는지 공부하면서 실제로 일상생활에 적용해보기도 했다. 그렇게 하다 보니 공부가 잘되기 시작했고 학과 공부가 재미있어졌다. 공부가 재미있어지니 성적은 자연스럽게 올라갔다. 학교에서 노트 필기 잘하고 공부 잘하는 친구로 인정을 받기도 했다. 나는 공부머리 없는 바보가 아니었던 것이다.

그런데 왜 부모님은 나를 공부 머리 없는 애라고 단정지었을까? 스스로를 바보 취급하며 보낸 세월이 아깝고 억울했다. 그러나 부모님도 나에게 그럴 수밖에 없었다는 것을 이제는 안다. 부모님도 당신들이 배운 대로, 들은 대로 말할 뿐이었다. 과거의 나는 내가 좀 더 탁월하고 재능이 많았다면 부모님에게 분명 인정받고 사랑받았을 것이라 생각했다. 부모에게 그런 대우를 받는 것은 다 내 잘못이고 내 무능력 때문인 줄 알았다. 부모님의 기대만큼 예쁘지 않아서, 공부를 잘하지 못해서, 재능이 없어서. 그러나 부모님은 당신들이 들어본 적도, 해본 적도 없는 말을 우리에게 할 수 없었을 뿐이었다. 그전까지 한 번도 내게 사랑한다는 말이나 칭찬이나 애정표현을 해주지 않은 것은, 내가 너무나 부족하고 모자란 아이여서가 아니라 그분들도 사랑받은 경험이 전무했기 때문이었다. 부모님의 결혼 생활이 불행했던 것도,

내가 무한한 사랑을 받지 못한 것도 나의 부족 때문이
아니라 무한한 사랑을 경험하지 못한 부모님 때문이라
는 깨달음이 내 마음에 자유를 주었다.

새로운 세상을
배우다

사람은 잘 변하지 않는다. 사람의 행동이 바뀌려
면 자신의 습관이나 신념이 달라져야 하기 때문이다. 오
랫동안 굳어진 행동이나 생각을 바꾸는 일은 무척 어려
운 일이다. 하지만 분명 변하는 사람도 있다. 그런 사람
들은 어떤 이유에서든 자신이 달라져야 한다는 것을 깨
달은 사람들이다. 변하지 않으면 안 되는 이유가 있는
것이다. 이런 깨달음은 보통 다양한 경험이나 교육에 의
해 얻어진다. 회색빛으로 보이던 세상이 사실은 다채롭
고 다양한 색으로 이루어졌다는 것을 알게 하고 부정적
인 내면의 목소리를 바꾸는 데 경험과 교육만큼 좋은 것
은 없다.

많은 사람이 변화나 도전을 주저하는 가장 큰 이
유는 자신에 대한 믿음이 없기 때문이다. 앞서 언급했듯

이 양육자와 불안정 애착을 형성했거나 학대를 당한 경우 존재적 거부와 불신을 지속적으로 경험하게 된다. 그들을 향한 부정적인 메시지는 곧 자신을 향한 불신으로 굳어진다. 자신을 불신하면 아무것도 변하지 않는다.

세계적인 신경과학자 앨릭스 코브Alex Korb는《우울할 땐 뇌과학》(정지인 옮김, 심심, 2018)에서 "인간의 뇌는 부정적인 것에 더 강렬히 반응한다"고 했다. 그렇다. 안타깝게도 우리의 뇌는 부정적인 것에 더 끌리는 경향이 있다. 만약 다른 사람으로부터 부정적인 말을 들었다면 그 부정적인 말을 상쇄하기 위해서는 대여섯 배의 긍정적인 언어가 필요하다. 그런데 일상생활에서는 반대인 경우가 많다. 우리는 가깝다는 이유로 긍정적인 언어보다 부정적인 언어를 남발한다. 남에게 들은 말 한마디가 평생 마음속을 지배하기도 한다. 따라서 사랑하는 사람과의 건강한 관계를 위해서는 말을 조심해야 한다. 특히 사랑하는 사람에게 별생각 없이 날린 욕설, 비하, 비난은 상대의 마음속에 화석처럼 남을 수 있다. 말은 누군가를 죽일 수도, 살릴 수도 있다.

이 말을 달리 생각해보자. 우리 안에 맴도는 부정적인 목소리는 모두 진실이 아닐 수도 있다. 내 부모님이 나에게 "너는 바보야"라고 말했던 것처럼 말이다. 따라서 때로는 용기 있게 그 내면의 목소리를 마주해서 검증하는 시간이 필요하다. 나의 존재를 타인이 아닌 나 스스로 검증해 보는 시간 말이다. 이때 다양한 경험, 교육, 책, 여행 등은 훌륭한 방법이 된다.

나는 심리학 공부를 하며 그전까지 믿고 있었던 나에 대한 부정적인 생각과 좁은 프레임을 깨고 나올 수 있었다. 이 과정을 통해 나는 어쩌면 생각보다 괜찮은 사람일 수도 있겠다는 생각이 들었다. 그리고 한 번도 생각해보지 못한 내 안의 잠재력이 얼마만큼인지 보고 싶었다. 그래서 나의 가능성을 부모님에게 성적으로 증명하고 미국으로 유학을 가겠다고 선포했다. 그렇게 나는 우물 밖 세상으로 나왔다.

내 마음에서는 어떤
목소리가 들리나요?

인생을 살다 보면 실패하고 넘어질 때가 있습니다. 예상치 못한 어려움을 만나기도 하고, 힘든 도전을 해야 할 때도 있습니다. 그때 여러분의 마음속에서는 어떤 목소리가 들리나요?

"내 이럴 줄 알았다. 내가 하긴 뭘 해."

"그럼 그렇지, 이번이라고 다를 리가 있나?"

"어이구 이 바보야, 넌 왜 번번이 실수만 하니?"

"해도 안 될 거야. 기대하지 말자."

"내가 하면 얼마나 잘하겠어?"

"이번에도 잘 안 되면 큰일인데 어떡할래?"

"어떻게 하는 것마다 이 모양일까?"

이렇게 나 자신을 깎아내리는 부정적인 목소리가 들려오지는 않나요?

"괜찮아. 이 정도인 게 다행이지."

"그래도 저번보다 많이 나아졌어."

"다른 사람들도 다 실수하는데 뭐."

"실패해도 괜찮아. 최선을 다했잖아."

"실수해도 괜찮아. 긴장하지 말고 하던 대로 하면 돼."

"별일 아니야. 누구나 그럴 수 있지."

"이번 실패를 교훈 삼아 더 열심히 하면 돼."

아니면 이렇게 나 자신을 격려하고 지지하는 목소리가 들리나요? 내면의 소리는 어릴 때부터 들었던 말이 축적되어 나오는 경우가 대부분입니다. 가정에서, 학교에서 혹은 친구들 사이에서 자주 듣던 말일 것입니다. 즉, 이 내면의 소리는 스스로 생각해낸 목소리라기보다 자신이 자주 들었던 말의 메아리라고 보면 됩니다.

부정적인 성향의 부모나 어른을 많이 경험한 사람이라면 내면의 소리 또한 부정적일 가능성이 큽니다. 부정적인 내면의 목소리는 인생에 정말 큰 영향을 줍니다. 일종의 암시, 최면 효과가 있어 부정적인 생각대로 이루어지는 경우가 많습니다. 내면에서 부정적인 목소리를 자주 듣는다면 나 자신에게 격려와 응원을 보내는 연습을 지속적으로 해야 합니다. 앞에서 언급했듯 부정적인 말을 상쇄하기 위해서는 대여섯 배의 긍정적인 언어가 필요합니다.

과거 수십 년 동안 들었던 부정적인 메아리를 긍정적인 메아리로 바꾸는 과정은 어려울 것이고 긴 시간 노력해야 할 것입니다. 좋은 책이나 좋은 사람들과의 만남으로 스스로 격려하고 다독이는 연습을 통해 내면의 목소리를 긍정적으로 바꾸길 바랍니다.

나만의

아메리칸드림

제일 중요한 것은
나의 행복

 떨리는 마음을 부여잡고 랭귀지 스쿨Language
School 수업이 있는 미국의 캠퍼스를 밟았다. 이제 막 고
등학교를 졸업한 앳된 학생들 틈에서 나 같은 늦깎이 졸
업생은 너무 튀지 않을까 생각했는데 그것은 큰 오산이
었다. 나는 학교에 가보고 큰 충격을 받았다. 다양한 인
종과 옷차림에 휠체어를 타고 다니는 사람, 머리가 희끗
희끗한 중년, 백발의 노인까지 도무지 누가 학생이고 교
수인지 알 수 없는 사람들이 강의실과 학교 카페테리아
안에 가득했다. 여기 미국에서는 나이, 인종, 장애, 옷차
림 따윈 그 누구도 개의치 않는 것 같았다. 나는 이 자유
롭고 활기찬 모습이 너무나 좋았다. 단번에 여기서 살고
싶다는 생각이 들었다.

 돈이 생명줄인 아버지에게 나의 미국 유학은 큰

고민이었다. 그러나 사춘기 이후 당신과 영 사이가 멀어진 딸의 마음을 돌려보려고 한 것인지, 아니면 대학원만 졸업하고 교수가 되어 돌아오겠다는 나의 말에 투자가치가 있다고 믿은 것인지 부모님께 2년을 약속하고 설득해 미국 유학길에 오를 수 있었다.

그리고 미국에 도착하자마자 깨달았다. 내 영어 실력으로 대학원은 어림도 없었다. 미국에 가기 전까지 Be동사와 일반동사의 차이도 몰랐던 내가 유학을 앞두고 벼락치기로 한 영어공부로 될 턱이 없었다. 읽고 쓰는 것은 어떻게든 해본다고 해도 낯가림이 심한 나에게 모국어도 아닌 영어로 수업을 듣고 말을 하는 것 자체가 무리였던 것이다.

그전까지 나는 한국에 살고 있어서 인지하지 못했을 뿐, 사회 불안 장애Social Anxiety Disorder가 있었다. 사회 불안 장애는 어떤 특정한 사회적 상황에서 타인과 상호 작용하고 어떤 일을 수행하는 데 어려움을 겪는 정신과적 질환이다. 타국에서 낯선 사람들과 친해지고 수업 시간에 영어로 토론하고 발표하는 것은 내게 그야말로 공포였다.

그러나 나는 미국에 살고 싶었다. 남을 의식하지

않는 자유로운 옷차림에 유행이란 것도 없고 나이가 많든 적든 서로 평등하게 대화하며 존중하는 모습이 너무나 인상적이었다. 장애인이 자유롭게 거리를 누비고, 나이가 지긋한 만학도들이 다른 학생들과 어우러져 공부하고, 그들을 보통 학생처럼 대하는 교수들과 학생들의 모습도 너무 좋았다. 이런 나라에서 산다면 남의 시선을 의식하지 않고 나답게 살 수 있을 것 같았다. 그래서 나의 목표는 유학이 아닌 '정착'으로 바뀌었다. 그리고 새로운 나라에 정착할 가장 좋은 방법을 찾았다. 바로 결혼이었다.

지금 돌이켜 생각해보면 정말 무모하고 위험한 선택이었다. 나는 겁도 없이 아무 연고도 없는 미국에서 그 당시 만나던 남자 친구와 결혼을 결정했다. 내 인생에서 가장 이기적이고 무모한 선택이었다. 아버지의 지원에 약속했던 보답을 하지 못하는 결정이었고, 사이가 좋지 않은 부모님을 나 몰라라 하는 것이기도 했다. 우리 남매와 함께 밥 먹으며 수다 떠는 것이 불행한 결혼 생활의 유일한 기쁨이었던 어머니에게는 큰 배신이었다. 그리고 앞으로 부모님에게 일어날 모든 일을 오빠에게 떠넘기는 것 같아 마음 한구석이 불편했다. 그러나 그때 나는 다른 것은 차치하기로 했다. 어떤 이해관계나 가족들의 상황 모두를 내려놓고 나만 생각하기로, 내 행복만 생각하기로 한 것이다. 그렇게 나는 미국에 정착했다.

아주 완벽한
독립

결혼은 내게 부모로부터의 완벽한 독립을 선사해 주었다. 사실 독립의 방법으로 결혼을 선택하는 것은 무척 위험한 일이다. 하지만 그 당시에는 결혼만이 나의 독립과 이민을 가능하게 해줄 가장 합리적인 방법처럼 보였다. 미국에서의 결혼은 가족과의 어마어마한 물리적 거리와 정서적 거리를 보장해 주었다. 남편과 나는 그 당시 정말 별 볼 일 없는 빈털터리 청년들이었지만 결혼 이후 부모님으로부터 정서적, 경제적으로 완벽히 독립적인 삶을 살고자 노력했다.

결혼 후에도 한동안은 저렇게 해서 언제 자리 잡고 안정적으로 사나, 하는 부모님의 염려와 불안이 계속됐다. 나는 부모를 버리고 간 불효녀가 된 것 같은 느낌

에 사로잡힐 때도 있었다. 그러나 누군가의 '짐덩이'가
되지 않은 것만으로도 행복했다.

독립하고 몇 년이 지나자 어머니는 애를 봐달라,
반찬을 해달라, 돈을 빌려달라 요구하지 않는 나에게 오
히려 고마워했다. 어머니는 그 당시 평생소원이었던 공
부를 다시 하며 자신의 삶을 되찾고 있었는데, 주변의
어머니 또래 친구들은 또다시 자식에게 매여 손주 육아
며 자식 살림을 거들고 있었기 때문이다. 우리는 각자의
자리에서 오롯이 독립했다. 우리는 각자 완벽하게 독립
함으로써 서로 다시 연결되었다.

건강한 독립은
책임과 최선으로 쟁취하는 것

독립은 용기가 필요하다. 다른 사람들로부터 때
로는 이기적이라는 말을 들을 수도 있고 꼭 그렇게까지
해야 하냐는 핀잔을 들을 수도 있다. 그러나 제대로 된
독립을 경험해봐야 인생을 주도적으로 살 수 있다. 자신
의 삶을 주도적으로 이끌어가지 못하는 사람은 삶에 대
한 분별력도, 건강한 자존감도 키울 수 없다. 자신이 스

스로 선택하고 노력해서 성취한 것이 능력이 되고 자존감이 되기 때문이다.

진짜 어른이 되는 가장 기본적인 기준은 '스스로 얼마나 독립적인가'다. 아무리 부모 자식, 형제지간이라고 해도 각자는 다른 인격체다. 다른 인격체를 가진 사람들이 건강하게 살기 위해서는 각자의 영역을 존중해야 한다. 하지만 우리 주변을 보면 사랑이라는 이름으로 얽히고설킨 관계가 너무 많다. 그 안에서 서로 이러지도 못하고 저러지도 못하며 고통받는 관계들이 얼마나 많은가.

건강한 소통은 상대방을 설득해서 결국 나의 뜻에 따르게 하는 것이 아니다. 상대의 생각이나 의견이 나와 다르더라도 그 의견을 존중하고 상대방의 영역을 침범하지 않는 것이다. 건강한 소통에는 건강한 독립이 선행되어야 한다. 그래서 때론 물리적, 심리적 거리가 필요하다. 더 나아가 경제적으로도 자립이 되어야 진정한 독립이다. 이렇게 건강한 독립을 한 사람만이 가까운 사람들의 집착이나 간섭에서 벗어나 건강한 소통을 할 수 있다.

독립에는 반드시 자유와 책임이 따른다. 독립을

함으로써 누리는 자유를 책임지지 않는 사람은 이기적이고 방탕해진다. 나는 성인이 된 후로 내가 선택한 모든 일에 책임지기 위해 노력했다. 미국에서 배우자와 새로운 진로를 선택할 때 부모님의 동의를 구하진 않았지만 내 선택에 대한 책임에 최선을 다하며 그것이 옳았음을 증명해냈다. 그리고 스스로 자존감을 키워냈다.

나는 얼마나 독립적인 사람일까?

① 내 삶의 중요한 결정(진학, 취업, 이직, 결혼 등)을 할 때 내 의견보다 부모의 의견이 더 중요하다.

② 부모가 반대하는 결정을 하는 것이 어렵다.

③ 직장에서 번 돈을 직접 관리하지 않고 부모에게 맡긴다.

④ 스스로 결정하고 책임져야 하는 상황이 두렵고 힘들다.

⑤ 부모가 나를 도와주지 않으면 혼자서는 못 살 것 같다.

⑥ 배우자나 자녀보다 내 부모가 더 중요하다.

⑦ 부모의 말을 따르지 않으면 금전적, 정서적 불이익이 생긴다.

⑧ 직장에서 힘들게 돈을 버는 것보다 부모에게 용돈을 받는 게 더 편하다.

⑨ 부모에게 여전히 지시나 통제를 받는다.

⑩ 부모가 나의 모든 것을 알려고 한다. (친구 관계, 하루 일과, 직장 문제 등)

⑪ 부모에게 내 생각과 의견을 솔직히 말하는 것이 어렵다.

위의 사항 중 3가지 이상 해당한다면 아직 부모로부터 온전히 독립하지 못했을 확률이 높습니다. 진정한 독립은 경제적 독립과 정서적 독립이 함께 이루어졌을 때 실현됩니다. 정서적 독립은 삶의 주도권이 부모님이 아닌 나 자신에게 있다는 것을 인식하는 것입니다.

많은 사람이 성인이 된 이후에도 여전히 자신의 진로, 배우자 심지어 육아 문제까지 부모에게 선택권을 넘기는 경우가 있습니다. 부모와 의견이 일치하지 않더라도 삶에서 책임을 지고 선택을 하는 사람은 자신임을 당당히 어필하고 책임감과 맷집을 키워야 합니다. 독립된 삶을 살아야만 다른 사람들과 건강한 관계를 맺을 수 있습니다. 내 삶을 누군가가 대신 살아주지 않는다는 것을 잊지 말고 건강한 독립을 위한 준비와 연습을 하기 바랍니다.

스스로 완성해가는

자존감

자존감 성장의 시작은
주도적인 선택과 책임

어렸을 때의 나는 자존감이 바닥이었다. 그러나 심한 사춘기를 겪으며 착한 딸의 삶 대신 '나를 위한' 선택을 하기로 마음먹었다. 부모님의 뜻이 아니라 내가 원하는 대학에 진학하는 것을 시작으로 미국 유학, 결혼, 영어 공부, 미술 공부, 상담학 공부까지 모든 것이 오로지 나의 선택이었고 의지였다.

내 나름의 선택을 할 때마다 나를 지지하거나 격려하는 사람은 거의 없었다. "이제 와서 갑자기 웬 미국?", "왜 하필 그 사람과 결혼을 해?", "지금 순수미술 해봐야 직장도 못 구해", "그 나이에 공부를 한다고?" 말리는 사람들이 대부분이었지만 나는 내 생각과 판단을 믿었고 그것을 책임지며 살았다. 물론 그 과정에서 힘든 적도 많았고 포기하고 싶었던 적도 있었지만, 그냥 끝까지 가겠다는 마음으로 버텼다. 목표했던 것을 하나씩 이룰 때마다 이 선택을 하길 잘했다며 나 자신에게 만족했다. 이런 과정이 반복되며 내 선택에 대한 확신과 나에 대한 믿음이 강해졌고 나에게 열심히 훈계하던 사람들도 사라졌다. 내 자존감은 그렇게 성장했다.

자존감 성장의 시작점은 분명 가정이다. 자존감은 '자신이 스스로 생각하고 바라보는 자신'이기 때문이다. 인간은 자아라는 개념을 태어나자마자 바로 인식하지 못한다. 때문에 유아기에는 자신과 엄마는 하나라고 믿는다. 그래서 아이가 어릴 땐 부모가 바라보는 대로 자신을 바라볼 수밖에 없다. 그것이 곧 아이의 자존감이 되는 것이다. 따라서 아무리 객관적으로 예쁜 외모를 가지고 있어도 집에서 못생겼다는 소리를 듣는 아이는 스스로 못생겼다고 생각한다.

가정에서 사랑받고 자란 아이와 그렇지 못한 아이의 자존감은 절대로 같을 수 없다. 당연히 존중받고 사랑받는 가정에서 자란 아이들이 건강한 자존감을 가질 확률이 높다. 어린 시절 주변에서 반영해준 자신의 모습이 내적 이미지를 만들기 때문이다. "너는 나쁜 아이야. 별 볼 일 없는 놈이야!"라는 말을 자주 들으면 그런 자아상이 생기고, "너는 소중하고 사랑스러운 아이야"라는 말을 자주 들으면 자신이 그런 줄 알고 자란다.

가장 이상적인 모습은 어릴 때 부모의 사랑과 존중을 통해 건강한 자아상을 가진 아이가 스스로의 성취와 노력으로 그것을 실현해 가는 것이다. 그러나 자존감은 영원불변한 것이 아니다. 사춘기 이후의 자존감은 부모의 영향에서 벗어나 부단한 노력과 책임으로 만들어 가야 한다.

진짜 자존감의 조건:
자유와 책임

아무리 어린 시절에 부모의 사랑과 인정, 지지를 받고 자랐어도 아이들은 학교에 가고 직장을 다니게 되면 부모의 말이 백 퍼센트 맞는 말이 아니었음을 알게된다. 자신이 그리 예쁘거나 잘나지 않았고 똑똑하지도 않다는 것을 깨달으면 오히려 자신에게 실망한다. 부모의 그늘에서 온실 속 화초처럼 살았다는 것을 깨닫기 때문이다. 그래서 어린 시절 너무 공주처럼, 왕자처럼 자란 아이들이 성인이 되면 낮은 자존감에 허덕이는 경우가 많다. 따라서 사춘기 이후 시기부터는 스스로 쌓아 올린 자기 성취와 자기 효능감이 필요하다.

건강한 자존감을 만들기 위해서는 스스로 선택하고 책임지는 훈련을 해야 한다. 자존감 성장의 핵심은 자기 효능감이다. 이는 내가 선택한 일이나 내게 맡겨진 일을 해낼 수 있는 사람이라는 자기 확신이고 신뢰다. 공부 빼고 모든 것을 다 해주는 육아로는 아이의 자기 효능감을 키워줄 수 없다. 공부 말고는 해본 적이 없기 때문이다. 아이들의 자기 효능감을 키워주려면 경험으로 쌓은 성취감이 필요하다. 그리고 경험의 시작은 '스스로 하는 선택'이다.

아이들에게 선택할 자유를 주고 그 선택에 책임지는 연습을 하게 해야 주도적이고 자신감 있는 어른이된다. 그러나 우리나라 부모들을 보면 대학에 가기 전까지 아이의 모든 것을 부모의 통제 안에 두려고 한다. 아이는 부모의 정보력과 지시에 따라 철두철미하게 움직인다. 그러니 아이가 선택할 것도, 책임질 일도 없다. 그러다 갑자기 대학을 가면 아이에게 '무한한 자유'가 주어지고 '책임'을 강요한다. 그러나 자유를 경험해 본 적이 없는 아이에게 갑작스럽게 허용된 자유는 두려움과 공포로 느껴질 뿐이다.

　이것은 마치 감옥에 오래 갇힌 죄수들이 사회인이 되었을 때 느끼는 두려움과 같다. 영화 〈쇼생크 탈출〉을 보면 장기복역수 브룩 하트렌은 50년간 수감되어 있다가 마침내 자유인이 된다. 그는 오랜 세월 통제된 삶을 살았기에 바뀌어 버린 세상에 적응하지 못했고, 사회에서의 자유를 오히려 두려워하다 결국 자살한다. 감옥 안에서는 시키는 대로만 하면 된다. 자신이 선택할 수 있는 것도 없고 당연히 책임질 일도 없다. 그러나 감옥 밖의 세상은 다르다. 모든 것을 선택해야 하고 그에 대한 책임을 져야 한다.

　자존감을 키우고 싶다면 자유와 책임을 경험해야 한다. 그리고 그 경험이 쌓이면 자신이 정말 원하는 것, 잘하는 것이 무엇인지 알게 된다. 이것들이 쌓여 자기 효능감이 발달하고 자기 주도성과 열정이 생기는 것이다. 열정으로 원하는 일을 성취하는 경험이 반복될 때 비로소 자존감이 튼튼해진다. 많은 사람이 주어진 일을 무척 성실히 해내면서도 자존감이 낮은 가장 큰 이유는 자신이 하는 일을 스스로 선택한 경우가 드물기 때문이 아닐까 생각한다. 부모의 기대를 채우기 위해, 사회적 기준에 도달하기 위해, 실패를 피하기 위해 하는 선택은 자존감에 좋은 영향을 주지 못한다.

건강한 자존감을 가진 사람은 인생의 방향과 삶에서의 선택권이 본인에게 있음을 믿고 용기 있게 도전하며 결국 끝까지 해낸다. 비록 그 일이 다른 사람들의 눈에는 하찮고 실패한 것처럼 보여도, 스스로 선택한 일을 책임진 경험이 쌓이고 쌓이면 더 큰 도전이 가능해진다. 건강한 자존감을 가진 사람의 가장 큰 특징은 남들과 비교하지 않고 실패를 두려워하지 않는 것이다. 인생의 목표가 사회적 인정이 아닌 스스로 해내는 성취고 그 과정에서 일어나는 모든 성공과 실패는 경험으로 흡수하기 때문이다.

자존심일까?
아니면 자존감일까?

자존감이 인간의 성장과 성공에 중요한 화두가 되고부터 많은 사람이 자존감 키우기에 열중하고 있다. 그래서인지 어디서나 자신의 목소리를 높이고 자신이 하고 싶은 일만 하면서 자기 고집을 꺾지 않는 사람을 보고 자존감이 높다고 착각하기도 한다. 심지어 예의 없고 무례하게 구는 아이의 부모가 '우리 아이 자존감을 꺾지 말라'는 소리를 하기도 한다.

우리는 흔히 '자존감'과 '자존심'을 혼동하고는 한다. 자존심이 세고 자아만 강한 사람들이 때로는 자존감이 높은 것처럼 보이지만, 사실 자존심과 자존감은 전혀 다른 것이다. 아니, 전혀 반대의 성향이라고 말할 수 있다.

자존심과 자존감의 가장 큰 차이는 '개인의 판단과 기준 그리고 목표가 어디에 있느냐'다. 자존심은 타인에게 존중받고 싶은 마음이다. 따라서 자존심이 센 사람들의 기준은 대부분 외부의 평가 그리고 타인의 시선에 있다. 그러니 자신의 장점만을 부각해서 자신이 남보다 우월하다는 것을 과시하고 싶은 마음이 크다. 그러나 자존감이 높은 사람들은 타인의 평가보다는 본인의 내적 만족감이 더 중요하다. 그래서 남과 자신을 비교하지 않고 다른 사람을 쉽게 판단하지도 않는다. 우리는 모두 비교 불가능한 유일하고 독특한 존재라고 생각하기 때문이다.

자존감과 자존심은 근본적으로 다르다. 자존감

이 높은 사람은 모든 일을 자신의 기준과 시선에서 바라보기 때문에 자신의 생각과 선택이 중요하다. 그리고 나의 모습을 있는 그대로 사람들에게 보여주는 것을 부끄러워하지 않는다. 타인의 평가보다 내적 성공과 성취에 더 관심이 많은 사람이기에 내적 안정감과 자신감이 있다. 이런 여유는 타인을 대할 때도 나타난다. 이들은 타인의 실수나 실패에 대해서도 너그럽다.

그러나 자존심만 높은 사람은 습관적으로 타인과 비교를 한다. 나의 만족보다 타인의 평판과 찬사가 먼저다. 그래서 내가 남보다 뛰어나야만 기분이 좋고 행복하다고 느낀다. 이들은 자기 자신과 별로 친하지 않은 사람들이다. 내면에 남에게 보여주고 싶은 자아, 인정받고 싶은 자아만 있는 경우가 많다. 자랑하고 싶은 모습으로 자신을 치장하고 가꾸느라 에너지를 다 쓰기 때문에 정작 마음에 충만함이나 안정감은 없다. 그래서 타인에 대한 마음의 여유나 포용력이 부족하기도 하다.

자칫 보면 남들에게 당당하고 고집이 세고 자기주장이 강한, 자존심만 높은 사람들이 자존감이 높다고 착각할 수 있다. 그러나 강한 자존심은 열등감의 또 다른 모습일 뿐이다. 건강한 자존감을 가진 사람은 자기 존중감과 더불어 타인에 대한 배려와 존중 그리고 포용력도 높다. 이런 내면의 성장과 성숙은 불필요한 자존심을 버릴 때 비로소 시작된다. 그리고 그 시작은 자신을 알아가는 것부터다.

건강한 자존감을 키우는 여섯 가지 방법

① 자기 주도적으로 살기

삶에서 선택하는 모든 결정에는 '나'의 의견이 가장 중요합니다. 따라서 타인의 기준에 맞추지 말고 내 생각에 따라 'YES'와 'NO'를 분명히 할 필요가 있습니다.

② 다양한 간접 경험과 직접 경험 하기

자기 효능감은 어느 날 갑자기 생기지 않습니다. 매일 다양한 경험을 하고 소소한 것이라도 스스로 성취하는 경험을 쌓아야 합니다.

③ 내가 진정 원하는 것이 무엇인지 고민하기

남에게 잘 보이고 싶거나 많은 사람이 하기 때문에 선택하지 말고 어떤 사람이 되고 싶은지, 무엇을 하고 싶은지 나만의 방향성을 찾아야 합니다. 이것이 자율성과 자기 주도성의 시발점입니다.

④ 부모에게서 독립하기

수동적인 인생을 사는 사람들을 보면 부모로부터 정서적, 경제적으로 독립하지 못한 경우가 많습니다. 이는 부모 말을 잘 듣는 착한 자식이어야 한다는 정서적 속박이나 효에 대한 의무보다 부모에게 경제적, 심리적으로 의존하기 때문인 경우가 더 흔합니다. 이런 경우엔 온전히 자신만의 삶을 이끌어가기 어렵습니다.

⑤ 남과 비교하지 않기

습관적인 타인과의 비교에서 벗어나 내가 원하는 방향과 속도대로 인생을 살아가는 것이 중요합니다. 사과와 오렌지를 비교하는 것이 의미 없는 일이듯 모든 사람은 각자의 모습과 재능이 다 다릅니다. 남과 비교하기보다 나만의 방향성, 성장 가능성에 집중해야 합니다.

⑥ 건강한 자존감을 가진 사람들과 어울리기

사람은 환경에 영향을 받는 동물이라 서로 비교하고 판단하는 무리 속에 있으면 자연스럽게 비슷한 생각과 행동을 하게 됩니다. 건강하게 자신의 삶을 주도하며 성장과 성숙을 이루는 사람들에게 건강한 자극을 받는 것이 좋습니다.

나만의

'한 사람'을 만나다

♦
♥

달라도 너무 다른
우리

어린 시절부터 결혼 생활의 어두운 면을 직접 보고 겪은 나는 결혼에 대해 무척 회의적이었다. 매일 싸우면서 결혼 생활을 유지하는 것도 이해되지 않았고, 똑같은 문제를 수십 년째 반복하며 해결하지 못하는 어른들의 무지가 한심해 보였다. 부모님을 포함해서 내 주변엔 하나같이 최악의 부부 생활을 하는 사람들만 사는 것 같았다. 그런 나에게 결혼은 그야말로 미친 짓이었다. 게다가 남아선호사상의 피해자로 뼈아픈 상처까지 있는데 결혼을 해서 남자 때문에 더 불행해지고 싶지 않았다. 그래서 독신주의를 고수했었다. 그러나 아무리 부모에게 상처받고 고립되고자 해도 사랑을 주고받는 것은 사람의 본능이자 가장 강력한 욕구다. 때문에 결혼과 연애는 인간의 역사에서 사라진 적이 없다. 나 또한 아무리 결혼에 대해 무척 회의적이었어도 사랑받고 싶은 본능적인 욕구는 부정할 수 없었다.

교회 오빠였던 남편과의 결혼을 결심했을 때 내 부모의 불행한 결혼을 절대로 답습하지 않으리라 다짐했다. 내 나름의 이상형을 찾았다고 생각했기에 마냥 행복할 줄 알았다. 그러나 신혼의 달콤함은 오래가지 못했고 나 또한 결혼의 현실을 보았다. 연애 때 나를 위해 차문을 열어주고 내가 좋아하는 인형을 사다주던 다정하고 섬세했던 남편은 결혼 후에 꼬장꼬장한 '아줌마'가 되었다. 원래부터 정리정돈이나 청소에 관심도 소질도 없던 나는 늘 남편의 기준에 미치지 못했고 늘 핀잔과 야단을 들어야 했다. 그런 비난에 나도 가만히 있지 않았다.

연애 때 매력이라고 생각했던 모습들은 24시간 함께 일상을 공유하면 할수록 불편함으로 다가왔다. 외향적인 성격에 부지런하고 꼼꼼한 남편을 쫓아가기엔 나는 너무 내성적이고 에너지가 없는 덜렁이였다. 거기다 우리는 살면 살수록 성격, 취향, 심지어 신앙관까지 너무 달랐다. 정말 연애 때 알던 그 남자가 맞나 싶었다. 그러니 정말 별일 아닌 일로 싸우기 일쑤였다.

지금 돌이켜보면 이때의 싸움은 너무나 당연한 과정이고 반응이었다. 수십 년 동안 각자 다른 기질과 성격으로 살아온 남녀 둘이서 같이 사는데 그런 부딪힘은 당연히 일어날 수밖에 없는 것이다. 그러나 그때의 나는 그 상황들이 너무 당황스럽고 무서웠다. 싸우는 것 말고 다른 해결 방법은 본 적도, 배운 적도 없었기 때문이다. 절대로 부모님처럼 살지 않겠노라고 다짐했는데 나도 별수 없이 그저 그런 결혼 생활을 하게 되는 것은 아닌지 두려웠다. 그 당시 친한 친구 하나 없던 미국에서 나는 그저 막막했다.

다시,
사랑을 배우다

그러나 나는 반드시 답을 찾아야 했다. 나뿐만 아니라 딸을 위해서도 남편과의 갈등을 해결할 돌파구를 찾아야만 했다. 나는 절대로 딸에게 내가 경험한 것과 같은 불안과 공포를 느끼게 하고 싶지 않았다. 이것이 나에게 관계 공부를 하게 한 강력한 동기가 되었다. 그때부터 결혼과 인간관계에 관한 서적을 찾아 읽기 시작했다. 자라면서 보고 배운 게 없으니 책으로라도 배워야 했다. 책들을 읽으며 알게 되었다. 내가 알고 경험했던 모든 인간관계는 미성숙한 것뿐이었다는 것을. 그리고 사랑에 대해 다시 배웠다. 진짜 사랑은 의지고 선택이며 노력이었다. (사랑에 대한 이야기는 4막에서 더 자세히 다룰 것이다.)

사랑의 진정한 의미를 다시 깨닫고 남자와 여자가 얼마나 다른지, 사람마다 가지고 있는 성향이나 성격이 얼마나 다른지 알고 나자 남편의 생각과 행동이 '틀린' 것이 아니라 '다른' 것임을 받아들일 수 있었다. 그리고 우리 사이의 사랑의 언어도 다르다는 것을 깨달았다. 나는 내가 사랑하고 싶은 대로 남편을 사랑했다. 그러나 내가 주고 싶은 사랑은 남편이 원한 사랑이 아니었다. 상대가 내 마음 같지 않을 수 있음을 인정하며 이해하고 배려했다. 그렇게 우리는 서로에게 맞추어 갔다.

사랑은 마주 보면 설레고 흥분되는 감정만을 뜻하지 않는다. 깊은 사랑은 나와 다른 상대를 이해하고 용납하려고 노력하는 것이다. 이런 노력 끝에 신뢰와 이해를 바탕으로 하는 사랑은 세상을 이길 힘을 준다. 결혼한 배우자와의 갈등은 너무나 당연하다. 어린 시절엔 서로에게 느끼는 뜨거운 열정이나 끌림만이 사랑이라고 착각했었다. 진정한 사랑은 그 사랑을 유지하고 지켜내려는 노력과 헌신이다.

그 한 사람

학교로 출근하기 위해 자동차 키를 허둥지둥 찾았다. 그러나 어디에도 보이지 않았다. "이런! 또 어디에 두고 못 찾는 거지?" 덜렁거리는 성격 탓에 종종 있는 일이다.

"자기야, 혹시 내 자동차 키 봤어?" 남편에게 물었다.

"어젯밤부터 날씨가 추워져서 그런지 차가 꽁꽁 얼었더라. 그래서 내가 미리 시동 걸어놨어. 히터 틀어놓느라."

추위를 많이 타는 나를 위한 남편의 배려였다. 남편은 이제 세상에서 나를 제일 잘 알고 돌봐주는 사람이 되었다.

서로의 다름을 인정하고 존중하기 시작하자 부부관계도 달라졌다. 남편도 평생 나의 약점이자 흠이라고 생각했던 것들을 취향과 성향의 차이로 인정하기 시작했다. 본인과 나의 다른 점을 탓하지 않고 인정해주는 남편에게 고마움이 커졌다. 서로에 대한 신뢰가 쌓이고 소중해지자 우리는 서로에게 일 순위가 되었다. 남편은 아이들이 태어난 후에도 늘 나를 일 순위로 생각했고 나도 그 고마움에 남편을 지지하고 존중했다.

늘 누구도 알지 못하게 혼자 베개에 머리를 박고 울던 나에게 남편은 그의 따뜻한 품을 항상 내주었다. 육아하며 불쑥불쑥 튀어나오는 나의 내면의 상처와 아픔을 늘 비난 없이 품어주었다. 그는 한 번도 나를 탓하지도, 비판하지도 않았다. 덕분에 나는 세상 그 누구에게도 드러내지 못한 나의 민낯과 상처를 그에게 보여주며 상처를 꿰매는 작업을 수도 없이 했다. 사람을 믿지 못하던 고질병도 점점 고쳐갔다. 남편은 내가 온전히 기대고 의지할 수 있는 그 '한 사람'이 되어 주었다.

우리 부부는 부모에게 받지 못한 사랑과 인내를 서로에게 보여주었다. 부모가 아이를 돌보듯이 품어주고 사랑해주었다. 이런 관계의 선순환은 우리 사이의 친밀감을 세상 어떤 사람도 대체할 수 없는 것으로 만들었다. 나는 어릴 적 늘 갈구했던 정서적 충족감을 남편으로부터 채웠다.

결혼은 불완전한 부모 밑에서 자란 인간에게 주는 두 번째 애착의 기회다. 수많은 연구에서 행복하고 건강한 삶과 행복한 노후의 조건에 친밀하고 건강한 부부관계가 빠지지 않는 이유다. 인간에겐 그 무엇보다 나를 진정 이해하고 사랑하는 단 '한 사람'만 있으면 된다는 것을, 그리고 그 한 사람이 배우자가 될 때 마음의 그늘이 기적처럼 회복된다는 것을 나는 몸소 배웠다.

벌써 20년 넘게 함께 살면서 남편과 나는 당연히 싸우기도 하고 화를 내고 며칠씩 냉전을 치르는 날도 있지만 우리는 알고 있다. 서로가 서로에게 없어서는 안 되는 존재임을. 때문에 누가 먼저랄 것 없이 화해를 청하고 서로를 용서하고 다시 사랑한다. 이렇게 함께 있어야 완전해지는 존재로 함께 성장하고 있다. 이십 년 동안 신뢰와 이해라는 기둥을 세우고 애정과 소통의 벽돌을 쌓으며 집을 지은 우리는 서로가 세상에서 가장 안전하고 편안한 곳이 되었다. 어렸을 때는 집이 있어도 불안하고 위축되었던 마음이 내 가정에서 평안을 찾았다. 늘 혼자서 뿌리 없는 나무처럼 방황하던 내 마음은 남편을 중심으로 뿌리를 내렸고 나는 내가 이룬 가정 안에서 사랑받는 이로 다시 태어났다. 그리고 타인이었던 남편과 진짜 가족이 되었다.

　나는 운이 너무나 좋았다는 것을 알고 있다. 나처럼 상처받고 꼬인 마음을 가진 사람들은 사랑과 인정에 대한 욕구가 높아 잘못된 관계에 얽히기 쉽다. 그래서 상처받는 관계를 반복하는 악순환에 휘말리는 경우가 흔하다. 물론 이삼십 대 청년들이 인격적으로나 모든 면에서 성숙한 사람을 찾는 것은 매우 어려운 일이지만 부부처럼 가까운 관계는 서로를 살릴 수도, 죽일 수도 있는 관계라는 것을 잊지 말아야 한다.

　배우자 선택에 있어서 자기 자신에 대한 이해와 객관화가 반드시 필요하다. 자신에 대한 이해가 배우자의 능력과 스펙보다 훨씬 중요하다. 결혼은 내 삶을 누군가와 온전히 공유하는 것이기 때문이다. 자신이 어떤 사람인지도 잘 모르는 채 평생 함께할 누군가를 선택한다는 것은 어불성설이다.

　결혼은 두 사람이 맨손으로 집을 짓는 것과 같다. 어떤 상황에서도 배우자를 배신하거나 떠나지 않겠노라는 신뢰를 쌓아야 하고, 함께 땅을 일구고 기둥을 세우고 벽돌을 쌓을 헌신과 노력이 필요하다. 그 과정에서 일어나는 갈등과 문제를 어떻게 대화로 잘 해결하고 협력할 것인지에 대한 고민과 조율도 필요하다. 그렇게 서로 땀을 흘리고 노력해서 함께 집을 지을 수 있는 관계가 되면 세상의 어떤 풍파와 고난에도 흔들리지 않는 안전한 곳이 된다.

행복한 결혼 생활을 위해
결혼 전 반드시 생각해볼 것

- 결혼을 현재 불행한 삶의 유일한 탈출구로 생각하지는 않나요?
- 배우자의 중요한 조건으로 '부모와 같지 않은 사람'을 우선적으로 꼽지는 않았나요?
- 행복하게 해주겠다는 상대방의 말만 믿고 결혼을 결심하지는 않았나요?
- 상대방이 함께 대화하고 갈등을 해결할 수 있는 사람인가요?
- 서로 소통과 공감이 잘 이루어지나요?
- 나의 부끄러운 모습, 가정환경을 상대방에게 나눌 수 있나요?
- 상대방이 나와 가치관이 잘 맞는 사람인가요?
- 헌신이나 노력 없이 막연히 안락하고 편안한 결혼 생활을 꿈꾸고 있지는 않나요?
- 상대방이 상식적이고 인격적인 사람인가요?
- 주변의 도움 없이 상대방과 결혼 생활을 잘 유지할 수 있나요?
- 상대방이 자기객관화와 자기이해가 되는 사람인가요?

결혼은 인생의 가장 큰 터닝 포인트 중 하나입니다. 흔히 '인륜지대사'라고 하지요. 평생의 반려를 결정하는 것은 무엇보다 신중하고 조심스러워야 합니다. 많은 사람이 자신에게 딱 맞는 조건의 사람이나 이상형을 찾아 헤매지만, 결혼은 둘이서 맨땅에 함께 집을 지어가는 것임을 잊지 말아야 합니다. 아무리 좋은 자재와 재료가 있더라도 서로의 헌신과 노력으로 땅을 파고 기둥을 세우고 벽돌을 쌓는 수고를 함께 하지 않으면 안락하고 튼튼한 집을 지을 수 없습니다. 그 무엇보다 평생을 나와 함께 집을 지을 수 있는 사람인지 아닌지에 대한 분별이 먼저입니다.

3막

육아,
몰랐던 나의
내면아이를 만나다

때론 엄마인 게

싫었어

갑자기 찾아온
귀한 선물

"여보, 나 임신인 것 같아⋯⋯." 나는 전화기에 대고 울음을 터트렸다.

"말도 안 돼. 어떻게 그래? 확실해?" 놀란 남편은 나의 임신을 재차 확인했다.

임신테스트기에 선명히 나타난 2개의 줄을 바라보며 벅찬 감격이나 기쁨 대신 온갖 두려움과 걱정의 눈물이 앞섰다. 아이를 키우기엔 우린 아직 부족한 게 너무나 많았다.

나는 고작 만 스물다섯 살에 갑자기 엄마가 되었다. 불임이나 난임이 증가하는 요즘, 누군가에게는 임신이 축복이겠지만 또 누군가에게는 느닷없이 들이닥친 귀한 손님 같다. 우리 부부가 그랬다. 아직 귀한 손님을 맞이할 여유도, 마음의 준비도 되어 있지 않은데 갑자기

들이닥친 것이다. 큰딸은 너무나 갑작스럽게 찾아왔고 그때부터 전혀 예상하지 못했던 내 삶의 또 다른 챕터, 엄마가 될 준비를 해야 했다. 누구보다 좋은 엄마가 되고 싶었기에 내 환경과 여건이 완벽하게 준비되면 아이를 낳을 생각이었다. 내 소망은 이루어지지 않았지만 좋은 엄마가 되고픈 그 간절한 열망은 임신한 순간부터 나를 비장하게 만들었다.

아이가 만 2~3살쯤이었을 때까지만 해도 모든 것이 순조로웠다. 나는 내 딸의 엄마인 것이 너무 행복했다. 딸을 위해 무엇을 해도 힘들지 않았다. 내가 누군가에게 없어서는 안 될 존재가 된 것도 신기했고, 내가 사랑하는 만큼 나를 무조건적으로 사랑하고 의지하는 딸이 한없이 고마웠다. 내가 주는 사랑도 컸지만 아이에게서 더 큰 사랑을 받았다. 나는 딸에게 평생 좋은 엄마가 되어줄 수 있을 것 같았다.

하지만 아이가 점점 자라면서 자아가 생기고 내 뜻에 반하는 행동과 기질을 보이자 아이가 미워 보이기 시작했다. 그땐 나를 엄마라고 부르는 그 소리마저 싫었다. 아니, 엄마라는 단어 자체가 너무 싫었다. 아이가 나를 부르기만 했을 뿐인데 마음 안에서 분노가 솟구치기

도 했다. 그러니 당연히 아이에게 다정한 눈빛, 따뜻한
말이 나갈 리가 없었다.

좋은 엄마란
무엇일까?

아이를 갖고 싶어서 그 힘들다는 불임 치료에 시
험관 시술도 몇 번씩 하면서 매달 기도하듯 기다리는 주
변의 많은 부부를 보면서 나는 남들이 그토록 바라는 축
복을 발로 걷어차는 나쁜 여자가 된 것 같았다. 딸아이
에게 냉정하게 대하고 미안해했다가 다시 불같이 화를
냈다. 내 마음은 하루에도 열두 번씩 감정의 파도가 밀
물과 썰물을 반복했다. 그러나 누구에게도 이 혼란스러
운 마음을 이야기할 수 없었다. 모성애도 없는 무정한
엄마 같아 보일까 봐 겁이 나기도 했고, 당시 내가 느끼
는 이 어지러운 감정의 이유를 전혀 알지 못했기 때문
이다.

나는 왜 '엄마'라는 말이 그토록 싫었을까? 지금
돌이켜보면 어린 시절 나는 어머니라는 존재가 마냥 편
하지만은 않았다. 어머니에게 징징거리거나 무언가를 요

구하지 못했고 어머니를 힘들지 않게 해야 한다는 강박이 강했다. 그랬기에 나는 해보지도 못하고 좌절되었던 수많은 요구를 너무도 당당히 하는 딸이 예뻐 보이지 않았던 것이다. 혼자서 너무 일찍 철이 들어 버린 나는 오히려 내 딸아이의 고집과 요구를 들어줄 여유가 없는 경직된 어른이 되어 버렸다.

그리고 나는 엄마가 되기 전에 이루고 싶은 일이 많았다. 내가 더 괜찮은 사람이라는 것을 증명하고 싶은 욕심이 있었다. 그래서 공부를 포기하지 못했다. 아직 못 다 이룬 내 꿈을 이루기 위해 달리고 싶었으나 어린 딸을 데리고 원하는 속도를 내는 것은 불가능했다. 이 때문에 딸이 내 발목을 잡는 족쇄처럼 느껴졌던 것 같다. 그때까지도 나는 어린 시절 먼지 같았던 존재감을 다 떨쳐내지 못하고 여전히 부모로부터, 세상으로부터 인정받고 싶은 아이였던 것이다.

고작 스물여섯 살의 철없던 나는 내 배 속에서 태어난 아이가 하얀 도화지일 것이라 착각했다. 내가 그리고 싶은 대로 마음껏 그릴 수 있을 줄 알았다. 내가 상상하고 바라던 완벽한 딸로 키우고 싶었다. 그러나 아이는 하얀 도화지가 아니었다. 이미 타고난 색깔과 모양이 있었고 그것은 내가 원한 것과 달랐다. 나와 기질이 전혀 다른 딸은 내가 하지 않던 행동을 했고, 내가 원하는 것을 거부했다. 당황스러웠다. 그런 딸아이의 기질을 뜯어고치려 애를 쓸수록 아이와 사이만 더 나빠져갔다. 나는 내 딸을 원하는 대로 키우지 못할 것이라는 실망감과 내가 꿈꿔온 완벽한 엄마가 될 수 없다는 것에 크게 좌절했다.

나는 좋은 엄마가 되고픈 열망이 컸지만 사실 엄마가 된다는 것이 무엇인지 전혀 몰랐다. 사실 엄마가 되고 싶다기보다 그저 다른 사람들에게 인정받는 존재가 되고 싶었던 것이다. 엄마가 되었어도 내면에는 여전히 내가 먼저 인정받고 싶은 어린아이가 있었다. 이런 나 때문에 아이도 참 많이 힘들고 아팠다. 그러나 아이를 키우며 내 상처를 더욱 깊숙이 들여다보게 되었고, 나의 미성숙하고 철없는 모습을 버리고 인내심을 키우며 조금씩 진짜 엄마가 되어갔다. 좋은 엄마란, 최상의 환경과 빈틈없는 양육을 제공하는 엄마가 아니라 아이를 있는 그대로 바라봐주고 함께 있음을 즐거워하며 같이 성장하는 엄마라는 것을 알았다.

아이는
백지로 태어나지 않는다

"엄마, 이거 나랑 같이 타자요!"

딸이 나를 붙잡고 애원하는 통에 원하지 않는 놀이기구를 탔다. 나는 고소공포증이 심하다. 그래서 타자마자 눈을 질끈 감고 부서져라 손잡이를 잡았다. 다섯살배기 딸은 그런 나를 보며 "엄마 눈 떠요. 이건 무서운 거 아닌데. 이건 재미있는 거예요"라고 호기롭게 말한다. 내 배 속에서 어떻게 이렇게 용감한 아이가 나왔을까?

많은 부모가 홍수처럼 쏟아지는 육아 서적을 보고 부모 교육 강의를 들어도 자녀 교육에 어려움을 겪는 것은 자녀에 대한 객관적인 분석이 떨어지기 때문이다. 자녀 교육서에 나오는 교육법들은 보편적인 아이에게 적용하는 보편적인 방법이다. 그러나 일상생활에서의 육아는 지극히 개인적이고 특별한 것이다. 아이들의 기질이 모두 다르고 부모의 기질 또한 제각각이다. 이런 특수성과 개별성을 무시한 획일화된 자녀 교육서를 무조건 따라 하는 것은 바람직하지 않다.

나 또한 첫째를 낳고 성공한 자녀를 키운 유명한 작가의 자녀 교육서를 많이 읽었다. 그러나 그런 책을 읽으면 읽을수록 점점 비참해지기만 했다. 책에 나온 대로 따라주지 않는 아이에게 실망하며 패배감을 느꼈기 때문이다. 그러나 그것은 당연한 결과다. 내 아이와 책에 나오는 자녀의 기질과 성품이 다르고 나 또한 작가와 전혀 다른 사람이기 때문이다.

　　그래서 개인적인 육아 성공담을 찾기보다는 오히려 아동발달, 심리 그리고 뇌과학 서적을 읽기 시작했다. 그리고 후에 상담학을 공부하면서 육아야말로 맞춤 정장과 비슷하다는 생각을 했다. 맞춤 정장을 맞추려면 일단 내 몸의 치수와 스타일을 아는 것이 먼저인 것처럼 육아도 나와 내 아이를 제대로 아는 것부터 시작해야 한다.

　　운 좋게 순한 기질에 부모 성향과 잘 맞는 아이가 태어나면 육아는 확실히 덜 힘들다. 그러나 그렇지 않은 경우가 대부분이다. 그리고 아이마다 타고난 재능, 강점, 약점도 천차만별이다. 그래서 같은 가정에서 자라는 형제자매라도 어떤 아이는 부모의 자랑과 기쁨이 되고 어떤 아이는 문제아, 말썽꾸러기가 되는 것이다. 말썽을 피우는 아이는 잘못이 없다. 부모가 자신과 기질적으로 다른 아이를 잘 다루지 못해서 일어나는 마찰인 경우가 흔하다.

그렇기 때문에 부모는 그 누구보다 자녀를 파악하는 데 능숙해져야 한다. 아이는 내가 원하는 대로 그릴 수 있는 새하얀 도화지가 아니다. 오히려 많은 잠재력을 지닌 씨앗과 비슷하다. 아이에겐 타고난 기질과 특별함, 강점과 약점이 있다. 따라서 그 모든 것을 고려한 양육을 해야 한다. 그래서 아이들을 비교하며 키우는 것은 가장 어리석은 방법이다. 부모는 자녀에 따라 양육법을 조금씩 달리해야 한다.

이것을 깨닫고 세 아이를 키우면서 모두 같은 방식으로 양육하지 않았다. 감정이 풍부하고 자기주장이 강한 첫째와 날 닮아 겁이 많고 마음 여린 둘째, 외향적이고 호기심이 많아 도전적인 에너지가 넘치는 막내를 모두 같은 방식으로 양육할 수는 없었다. 그래서 자녀교육이라는 큰 틀에서 아이들에 대한 육아 철학은 가지되 아이에게 접근하는 방식을 조금씩 달리했다.

기질이 너무도 다른 세 아이를 키우면서 양육은 농사와 비슷하다는 것을 배웠다. 세상에는 너무나 다양한 식물이 있고, 각각의 종자는 재배법이 다르다. 어떤 식물은 물을 너무 많이 주면 죽고 햇빛을 너무 많이 봐도 죽는다. 날이 너무 추우면 안 되는 식물이 있고, 너무 더우면 자라지 않는 식물이 있듯이 자녀도 마찬가지다. 경쟁을 즐기는 아이와 그것을 두려워하는 아이를 똑같이 대할 수 없다. 사람을 좋아하는 아이와 낯을 가리는 아이의 성향을 무시하는 건 위험한 양육이다. 따라서 부모는 자신이 어떤 기질의 사람인지 그리고 우리 아이는 어떤 성향인지를 먼저 관찰하고 이해하는 것이 양육의 가장 중요한 시작점이다.

나와 내 아이의 기질 이해하기

기질은 타고나는 것입니다. 그래서 쉽게 바뀌지 않습니다. 다만 후천적 교육과 노력에 따라 약점을 보완할 수 있습니다. 인간 기질에 관한 연구로 유명한 알렉산더 토마스Alexander Thomas와 스텔라 체스Stella Chess는 만 2~3세 전 유아들의 기질을 '쉬운easy 아이', '까다로운difficult 아이', '느린slow to warm up 아이'로 나누었습니다. 아이들의 생활 패턴, 사회성, 새로운 환경의 변화, 감각에 대한 반응 등에 따라 구분한 것입니다. 크게 세 가지로 나누었지만 두 기질이 섞이기도 합니다.

① 쉬운 아이

흔히 말하는 '순한 아이'입니다. 규칙적으로 잘 자고, 잘 먹고, 새로운 환경에도 금방 적응하고, 낯도 심하게 가리지 않는 아이입니다. 보통 한 40퍼센트 정도가 여기에 속합니다. 쉬운 아이 유형은 보통 알아서 잘하기 때문에 부모가 오히려 무심할 수 있습니다. 특히 아이가 둘 이상이거나 맞벌이 부모일 경우 아이에게 별문제가 없으니 그냥 내버려 둡니다. 그러나 모든 아이는 부모의 사랑과 관심이 필요합니다. 아이가 가정에서 소외감을 느끼지 않게 해주는 것이 가장 중요합니다.

② 느린 아이

보통 신생아일 때는 쉬운 아이와 큰 차이가 없으나 아이가 새로운 사람을 만나거나 환경이 바뀌는 것을 싫어하고, 양육자와 떨어지려 하지 않습니다. 따라서 부모의 부단한 인내가 필요합니다. 느린 아이는 새로운 환경에 적응하고 새로운 기술을 배우는 데 시간이 걸리기 때문에 어린이집이나 학교에 보낼 때 특히 세심한 관심과 도움을 줘야 합니다. 자기 주도적으로 행동하지 않고 부모에게 과하게 의존하거나 자신감 없는 아이로 자라지 않도록 자기 주도성과 자존감을 높이는 양육이 필요합니다.

③ 까다로운 아이

감각이 예민하고 신체 리듬이 불규칙한 유형입니다. 아이가 어느 정도 성장해서 좋고 싫음을 언어로 명확히 표현할 수 있기 전까지는 울거나 징징거리는 것으로 의사를 표현하기에 잘 칭얼거리고 짜증이 심해 부모가 다루기 어려운 경우가 많습니다. 자극에 대한 반응도 예민해서 새로운 환경과 조건에 적응하는 데 시간이 오래 걸립니다. 보통 쉬운 아이나 느린 아이 유형의 부모들이 이 유형의 아이를 키울 때 많은 어려움을 겪습니다. 따라서 사전에 전문가에게 교육이나 도움을 받는 것이 좋습니다.

내 안의

내면아이를 만나다

내 아이의 일곱 살이
미운 이유

"우리 희진이 있어? 희진이 좀 바꿔봐!"

"어쩜, 우리 희진이는 천재인가 봐. 못하는 게 없네. 누굴 닮아서 이렇게 똘똘하니?"

온 가족이 모이기만 하면 희진이를 찾는다. 그 모습이 감사하고 기쁘기도 하지만 왠지 씁쓸하다. 내 딸이 사랑받으면 기쁘기만 할 줄 알았는데 그렇지 않은 걸 보니 기분이 이상하다. 나는 왠지 엄마 자격이 없는 것 같다.

내 육아가 힘들고 부부관계가 힘든 것은 내면이 다 자라지 못했기 때문이었다. 나이를 먹는다고 다 어른이 되는 것이 아니라는 것을 아이를 키우면서 뼈저리게 느꼈다. 나는 어른인 척, 성숙한 척, 옳은 척 흉내 내는 어린아이였다. 진짜 어른은 부모의 체면이나 자존심보다 아이의 마음을 더 헤아릴 줄 아는 사람이다. 그러나 나는 아이가 실수나 실패를 했을 때 아이의 마음을 들여다보기보다는 늘 내 자존심과 체면이 먼저였다.

얼마 전 오은영 박사가 한 강의에서 '육아를 너무 비장하게 하지 말라'고 말한 것을 본 적이 있다. 그렇게 비장하게 하면 부모 노릇이 너무 힘들어진다는 것이다. 내가 생각하는 비장한 육아는 부모의 욕심과 통제로 점철된 육아다. 19년 전의 내가 그랬다. 내가 경험하지 못했던 사랑과 축복을 아이에게 쏟아주리라, 최고로 행복하게 사랑받는 완벽한 아이로 키우리라 다짐했다. 그리고 비장한 열정은 오히려 독이 되었다.

딸이 자아가 생기기 시작하는 미운 일곱 살이 되자 정말로 이유 없이 미워지기 시작했다. 딸아이는 그 또래가 으레 그렇듯이 장난치고, 말썽을 부리고, 말대꾸하는 지극히 정상적인 아이였다. 그러나 나는 그런 아이의 모습을 용납할 수가 없었다. 아무리 관련 공부를 하고 육아서를 읽어도 내 마음을 다스리는 것이 너무 힘들었다. 그러다 나도 모르게 내면화되어 있던 내 부모의 모습들이 불쑥불쑥 올라왔다. 아이와 함께 웃고 놀아주는 시간보다 벌세우고 윽박지르는 시간이 늘었고 냉정하게 대하기도 했다. 그렇게 엄하게 혼내고 난 후 잠든 아이를 보면 후회의 눈물을 흘렸다. 이런 생활을 반복하며 나 자신에게 '왜?'라는 질문을 수없이 던졌다. 나는 대체 무엇이 그렇게 화가 나고 짜증이 나고 미운 걸까?

길고 긴 고민의 끝에 나는 내 속의 진짜 감정을 찾아냈다. 저 마음 깊은 곳에서 마주한 나의 진짜 마음은 딸아이에게 질투심을 느껴서 화가 나는 것이었다. 내가 딸아이 나이였을 때는 집에서 먼지 같은 존재였는데, 딸아이는 어딜 가나 모든 이의 사랑과 관심을 독차지하는 것이 미웠던 거다. 딸은 양쪽 집안의 첫 손녀였고 우리 부부의 친구들 사이에서도 첫 번째 아이였다. 그래서 어딜 가든 예쁨과 관심을 받았다. 그런 딸을 보며 나의 내면아이가 질투심을 느끼고 있으니 아이를 제대로 사랑할 수 없었다.

우리의 마음속에는
어린아이가 살고 있다

사람의 마음 안에는 충족되지 못하거나 성장하지 못한 심리적 자아가 있다. 이를 내면아이라고 한다.

부모의 올바르지 못한 양육 태도나 환경으로 인한 소외, 단절, 고립을 겪으며 충분히 자라지 못한 심리적 자아, 내면의 인격이다. 어린 시절 양육자로부터 심한 학대를 받거나 트라우마가 있지 않더라도 충분한 애정이나 돌봄을 받지 못한 경우 내면아이는 그 영향을 고스란히 받는다.

내면아이가 잘 성장하지 못하면 자신에게 불리한 상황이 생기거나 공격을 받았을 때 이성적 판단은 마비되고 연약한 자아를 보호하려는 욕구만 커지게 된다. 어린 시절 가정에서 정서적 결핍을 경험한 부모일수록 내면아이의 모습이 두드러져 자녀 양육에 어려움을 겪는 경우가 많다. 자신도 받아보지 못한 정서적 충족감을 자녀에게 베풀지 못할 뿐더러 자신의 연약한 자아를 과도하게 보호하려는 방어기제가 발동하기 때문이다. 이런 이유로 가까운 사이의 관계가 더 어렵다.

결혼 전부터 절대로 내 부모처럼 아이를 키우지 않으리라 다짐했지만 나는 칭찬에 인색했고 꽤 무심했다. 그렇게 싫어했던 부모의 말투로 이야기하고 그들과 같은 눈빛으로 내 아이를 쳐다보았다. 내가 부모에게 받았던 인풋Input이 자연스럽게 아이에게 아웃풋Output되는 것에 절망했다. 육아서를 아무리 읽어도 이럴 때 부모는 어떻게 마음을 돌보고 아이를 키워야 하는지 알려주는 곳은 없었다.

어떻게 보면 나의 마음고생은 당연했다. 사랑은 받아보고 경험한 자만 줄 수 있는 것이다. 그것을 아이를 키우면서 절절히 느꼈다. 부모의 사랑을 느껴본 적 없는 내가 어떻게 아이를 키워야 하냐며 교회에서 기도하며 매번 울부짖었다. 절망스러웠다. 수유 때문에 2시간마다 일어나야 하는 것보다, 혼자 화장실 갈 시간도 없어 아이를 안고 볼일을 보는 것보다, 아파서 우는 아이를 안고 함께 밤을 새우는 것보다 아이가 내 말을 듣지 않을 때 한 대 후려치고 싶은 내 손을 내리는 게 더 힘들었다. 아이를 가르칠 때마다 "너 바보야? 왜 이런 것도 못해? 넌 뭐가 되려고 그러니?"라는 말들이 목구멍까지 차올랐고, 그 말들을 입 밖으로 내지 않기 위해 얼굴을 붉히며 이를 악물고 참는 것이 고통스러웠다. 나는 아이들의 쓸데없는 재잘거림이나 징징거림을 인내로 끝까지 들어주는 것이 너무나 괴로웠다. 나와 기질이 다른 아이는 달라서 당황스러웠고, 날 닮은 아이는 나의 단점까지 보여 답답하고 한심했다. 정말 누구 하나도 내

맘같이 되지 않았다.

내 상태와 기분에 따라 하고 싶은 대로 감정을 다 쏟아낸 다음 또 아이를 붙잡고 눈물로 사과한 적이 얼마나 많은지 모른다. 누군가 아동학대의 대물림은 5중 추돌사고 같다는 말을 했다. 어디서부터 시작됐는지 모를 사고로 뒤에서 갑자기 밀어붙인 차 때문에 어쩔 수 없이 앞의 차를 들이받는 교통사고 같다고. 정말 그랬다. 나는 아이들을 들이받고 싶지 않았다. 그러나 내 안에 잠자던 분노와 내재된 부모의 모습들이 불같이 튀어나와 아이들을 들이받고 싶어질 때가 한두 번이 아니었다. 그때마다 나는 죽을힘을 다해 참아야 했다. 이것이 나를 가장 고통스럽게 했다.

내 안의 상처받은 내면아이는
어떤 모습인가요?

① 착한 아이 콤플렉스

조건 없는 애정이나 양육을 경험하지 못한 경우 양육자나 타인의 비난과 질책이 두려워 타인의 기준에 맞추는 삶을 살게 될 가능성이 높습니다.

② 거절과 부탁을 어려워한다

타인에 대한 신뢰와 자존감이 낮은 경우가 많아서 누군가에게 부탁하거나 도움을 요청하는 것을 어려워합니다.

③ 독립심이 지나치게 강하다

세상을 믿을 만한 곳이라고 생각하지 않기 때문에 자신을 보호해줄 사람은 없다고 생각합니다. 그래서 독립적인 성향이 매우 강합니다.

④ 다른 사람의 불편한 감정을 받아주는 것이 어렵다

어린 시절 떼쓰거나 고집 피우는 행동을 용납받은 경험이 적거나 아예 시도조차 한 적이 없어서 누군가의 불편한 감정을 받아주는 것이 힘듭니다.

⑤ 특별한 일이 없는데 늘 불안하다

과거 트라우마로 인해 뇌가 항시 긴장 상태를 유지하고 있거나 편안함이나 안전감에 대한 경험이 적고 예측 불가의 상황에 노출된 적이 잦기 때문에 이유 없이 쉽게 불안해집니다.

⑥ 신뢰를 바탕으로 하는 인간관계가 어렵다

양육자나 세상에 대한 신뢰가 낮아 신뢰를 바탕으로 한 인간관계에 회의적입니다. 그래서 가까운 인간관계가 늘 힘들고 어렵습니다.

⑦ 누군가에게 지나치게 의존하거나 집착한다

사람에 대한 신뢰는 부족하나 애정과 관심의 욕구가 채워지지 않아 오히려 누군가에게 지나치게 의존하거나 집착하기도 합니다.

⑧ 관심받고 싶어 하고 인정 욕구가 높다

인정 욕구의 결핍으로 SNS, 외모에 집착하거나 비행 행동을 하는 등 타인의 이목을 집중시킬 만한 행동을 하는 경향이 있습니다.

⑨ 자신의 감정이나 마음을 읽는 것이 어렵다

항상 긴장 상태에 있거나 감정을 억압하는 것에 익숙해서 자신의 마음을 읽어내는 것을 어려워합니다.

⑩ 공감 능력이 떨어진다

자신의 상처와 트라우마에만 몰두하는 자기중심적 성향이 커서 타인의 일은 별 것 아닌 것처럼 치부하기도 합니다.

⑫ 고립에 가까울 만큼 혼자 있으려는 경향이 강하다

이는 내향성과는 다릅니다. 타인과의 관계에서 편안함을 느껴본 적이 없어 새로운 관계를 맺거나 도전하는 것을 회피하는 성향입니다.

⑬ 스킨십을 싫어한다

폭력이나 성폭행 같은 트라우마에 노출된 경우 신체 접촉이 트라우마를 촉발하여 스킨십을 꺼려하기도 합니다.

⑭ 자기 파괴적인 행동을 한다

과거의 트라우마나 상처로 인해 자기 비하를 하거나 수치심과 낮은 자존감 때문에 폭음, 게임 중독, 폭식 등 자기 파괴적인 행동을 하기도 합니다.

엉뚱한 곳에

화풀이하다

자식은 결국
부모의 가장 닮고 싶지 않은 면을 닮는다

　　핸드폰에 딸아이의 학교 전화번호가 뜬다. 직감
적으로 딸이 학교에 또 준비물을 빠뜨리고 갔구나 싶다.
그리고 마음엔 짜증과 화가 밀려온다. 도대체 애는 몇
번을 말해야 알아들을까? 전화를 받고 기가 죽은 딸의
목소리에 한바탕 잔소리를 했다. 딸아이는 고작 일곱 살
이었다.

　　어린 시절 우리 집 가훈은 항상 '책임 완수'였다.
지금 생각해보면 너무나 아버지다운 가훈이다. 가정은
회사도 아니고 군대도 아니다. 그러나 아버지는 우리집
이 마치 회사나 군대인 것마냥 자식들을 대했다. 각자의
자리에서 본인 역할을 제대로 하지 않으면 사람 취급을
하지 않았다. 또한 실수나 실패는 있을 수 없는 일이었
다. 그래서 그 모든 실수를 자식들의 책임으로 돌렸다.

그런 집에 사랑이니 이해니 너그러움이니 하는 것이 있을 리가 없었다.

아버지의 양육 방식을 그렇게도 싫어했었는데 어느새 나도 아버지와 닮은 모습으로 딸아이를 키우고 있었다. 이때만 해도 내가 이상하다는 생각을 전혀 하지 못했다. 그저 책임감 있게 육아를 하려는 것뿐이라고 착각했다. 그러나 이런 착각이 깨어지는 결정적인 사건이 있었다.

중학교에 진학하게 된 딸이 새로 갈 학교에 오리엔테이션을 받으러 가야 했다. 그때 막 백일이 지난 갓난쟁이였던 동생을 데리고 가는 게 싫었던 딸은 나 대신 친구랑 다녀오겠다며 혼자서 학교에 갔다. 아니나 다를까, 딸은 중요한 서류를 놓고 왔다며 가져다 달라고 전화를 했다. 딸아이는 풀죽은 목소리로 무척 미안해하며 부탁했다.

그때 내 안의 분노가 폭발했다. 전화기에 대고 한바탕 호통을 쳤는데도 분이 다 풀리지 않았다. 그렇게 씩씩거리며 학교에 도착해 보니 다른 엄마들은 다 아이와 함께 와 있었다. 아무리 첫째고 학교에 오지 말라고 했어도 내가 서류를 함께 챙기고 같이 왔어야 했다는 것을, 조금 더 세심하게 아이를 챙겼어야 했다는 것을 깨달았다.

화가 난
내면아이를 만나다

학교 창문 밖으로 비가 떨어지기 시작하더니 곧 빗방울이 굵어지고 세차게 내리치기 시작했다. 교문 앞에서 우산을 들고 기다리는 어머니들 사이를 빠져나와서 터덜터덜 걸었다. 신발과 옷은 물론이고 내 마음까지 금세 다 젖어버렸다. 왜 학교로 준비물을 가져다 달라는 딸아이의 사소한 부탁에도 화가 머리 끝까지 치밀어 올랐을까? 딸이 나에게 부탁한 것은 어려운 일이 아니었다. 당시 나는 워킹맘도 아니었고 아이 학교가 먼 것도 아니었다. 5분이면 끝나는 일이었다. 그러나 나는 아이가 부탁할 때마다 분노했다.

그렇게 소용돌이치는 감정을 가만히 살펴보니 나는 아이가 아니라 내 부모에게 화를 내고 있었다. 그 당시 워킹맘이었던 어머니는 나를 챙길 만큼 한가하지 못했다. 아버지는 늘 책임감을 운운하면서 깜빡한 도시

락이나 숙제는 절대 가져다주지 말라고 엄포를 놓았다. 그래서 나는 도시락을 까먹고 안 가져가면 굶어야 했고, 숙제를 못 가져가면 선생님께 맞아야 했다. 나는 이런 일이 있어도 집에 가서 단 한 번도 서운한 감정을 표현한 적이 없었다. 그 서운하고 섭섭한 마음을 수십 년 동안 속으로 꾹꾹 눌러왔던 것이다.

다 지난 과거라고 생각했는데 그때의 감정이 올라왔다. "어떻게 자식한테 그럴 수가 있지? 그게 뭐 그리 어려운 일이라고!" 부모님께 화 한 번 못 낸 내가 그 화풀이를 만만한 딸에게 하고 있었던 거다. 나의 억압된 분노가 엉뚱한 곳에서 터졌다는 것을 깨닫자 딸아이에게 너무나 미안했고, 그때 외롭고 화났던 내가 불쌍해서 목 놓아 울었다. 이 일이 있고 나서는 비슷한 상황에도 예전처럼 불같이 화를 내지는 않게 되었다. 그때 맞닥뜨린 나의 화난 내면아이를 달래고 보듬어 주었기 때문이다.

어린 시절 억압과 통제가 많았던 가정의 아이들은 내면에 억울함과 분노가 쌓여 있다. 그것을 제대로 해소하지 못하면 그 분노는 결국 엉뚱한 곳에서 터진다. 누군가가 나의 내면의 분노와 억울함의 방아쇠를 잡아

당기는 순간 그냥 터지는 것이다. 이 방아쇠를 당기는 사람은 보통 가까운 사람이다. 그러면 자신이 만만하게 생각하는 약자인 자녀와 배우자에게 분노를 쏟아내게 된다. 그로 인해 가정 안에서의 소중한 관계가 꼬이기 시작하는 것이다.

화난 감정 안에 숨은
진짜 감정 찾아내기

'화'라는 감정은 사실 여러 감정을 포함하고 있습니다. 가정에서 감정을 표현하고 소통하는 경험이 적을 경우 내 감정의 실체를 제대로 알지 못하게 됩니다. 그래서 막연히 마음이 무겁고 불편한 것을 단순히 화가 난다거나 짜증이 난다고 표현해서 주변 관계가 어그러지기도 합니다.

화 안에 있는 진짜 감정을 읽을 수만 있어도 화가 많이 가라앉습니다. '지금 이 감정은 화가 아니라 실망감, 섭섭함, 불안이구나'라고 판단할 수 있다면 감정 조절이 쉬워집니다. 아래의 감정 차트를 보면서 평소에 자신의 감정을 세밀하게 읽고 표현하는 연습을 해보길 바랍니다.

• 감정차트

감격스럽다	걱정스럽다	고맙다	괜찮다	괴롭다
궁금하다	귀엽다	그립다	기쁘다	나쁘다
놀라다	다행스럽다	달콤하다	답답하다	당황스럽다
두렵다	따분하다	무겁다	무섭다	미안하다
믿다	반갑다	벅차다	보고 싶다	부끄럽다
부담스럽다	불쌍하다	불안하다	불쾌하다	불편하다

불행하다	뿌듯하다	사랑하다	산뜻하다	상쾌하다
상큼하다	서럽다	설레다	속상하다	슬프다
신기하다	신나다	심술 나다	쓸쓸하다	아프다
안쓰럽다	안타깝다	야속하다	어이없다	억울하다
얼떨떨하다	예쁘다	외롭다	용감하다	우습다
울적하다	원망스럽다	유쾌하다	자랑스럽다	정겹다
조마조마하다	좋다	즐겁다	짜증스럽다	찝찝하다
찡하다	창피하다	철렁하다	초조하다	통쾌하다
편안하다	평화롭다	행복하다	허무하다	허전하다
허탈하다	화나다	후련하다	훈훈하다	흐뭇하다

마음의 상처 대신

정서적 충만함을 물려주자

정서적 금수저와
흙수저

어른이 되고 아이를 낳으니 건강한 가정에서 자란 사람이 세상에서 가장 부럽다. 부모가 공부도 못하는 막내아들이었던 본인을 마냥 예뻐해주었다는 장항준 감독의 이야기나 팔삭둥이로 태어나 까다롭기 그지없던 자신을 부모가 있는 그대로 인정하고 존중했다는 오은영 박사의 이야기를 들으면 가슴 한쪽 구석이 저릿하며 부럽다. 이들은 긍정적 사고, 자기 주도성, 감정 조절 능력, 사회성, 건강한 자존감 등을 두루 갖춘 정서적 금수저인 셈이다.

요즘 부모의 경제력에 따라 금수저와 흙수저로 나누고 부모가 부유하지 않은 20~30대가 많은 것을 포기하고 산다는 안타까운 뉴스를 보기도 한다. 그러나 경제력에서만 금수저와 흙수저가 있는 것은 아니다. 감정

코칭의 대가인 최성애, 조벽 박사는 《정서적 흙수저와 정서적 금수저》(해냄, 2018)에서 인간관계에도 흙수저와 금수저가 있다고 했다. 부모에게 안정적 애착, 돌봄 그리고 적당한 훈육과 바른 가르침을 배우지 못한 정서적 흙수저들의 70~75퍼센트는 그 결핍을 자연스럽게 대물림한다는 것이다.

결핍만 대물림되는 것은 아니다. 금수저든 흙수저든 부모의 태도는 자녀에게 무조건 영향을 준다. 정서적 금수저들은 나처럼 공부하고 애쓰며 힘들이지 않아도 밥을 먹고 옷을 입듯이 자연스럽게 건강한 육아를 한다. 자신의 부모에게 보고 배운 대로만 하면 되기 때문이다. 정서적 금수저인 사람을 볼 때면 나 자신이 한없이 초라해짐을 느꼈다. 결핍이 많은 나에게서 태어난 아이들에게 너무 미안했다. 나 같은 사람이 아니라 사랑받고 건강하게 자란 사람에게 태어났더라면 우리 아이들이 덜 혼나고, 덜 주눅 들고, 덜 아팠을 것이라는 생각이 들었기 때문이다.

대물림을 피하기 위한
뼈를 깎는 노력

나의 경험을 아이들에게 대물림하지 않기 위해 내가 믿고 알아왔던 세상을 갈아엎어야 했다. 불우했던 어린 시절로 인한 정서적 결핍이 있음을 인정하고 긍정적인 경험과 새로운 지식으로 나의 마음과 생각을 채워야 했다. 이것은 참으로 길고도 지루한 과정이었다.

배우지 못한 것은 억지로라도 해야 했고 나에게 너무 당연했던 행동들을 죽을힘을 다해 참아야 했다. 누군가에겐 너무나 쉬운 행동도 나에겐 날마다 몸부림치는 고통과 노력이 필요했다. 그래서 그냥 나도 부모님이 그랬던 것처럼 쏟아내고 싶었던 적이 너무 많았다. 그러나 우리 아이들에게 나와 같은 경험을 하게 하고 싶지 않았다. 절대로 내가 느낀 깊은 절망이나 불안을 주고 싶지 않았다. 그렇게 아이들을 위해 나의 내면아이를 마주하고 성장해야 했다.

원래 사람은 보고 배운 대로 행동하고 익숙한 환경에 무의식적으로 편안함을 느낀다. 우리 뇌는 반복과 패턴을 좋아하기 때문이다. 불우한 환경에서 자란 사람이 무의식적으로 나쁜 남자나 나쁜 여자에게 끌리는 이유가 이것이다. 그것이 익숙하기 때문이다.

습관과 행동을 바꾸는 것은 뇌의 회로를 바꾸는 것과 비슷하다. 뇌의 회로를 바꾸려면 먼저 자신이 느끼고 선택하는 것들이 본인과 가족에게 건강하고 옳은 것인지에 대한 분별과 판단이 필요하다. 그리고 그것이 바르지 않다는 것을 인식하면 새로운 회로를 만들어야 한다. 이 과정은 산속에 새로운 길을 내는 것만큼이나 힘든 과정이다.

부모처럼 살지 않겠다는 그 결심만으로는 변화를 이끌어내기 쉽지 않다. 내가 그랬던 것처럼 많은 중독 가정, 불륜 가정, 학대 가정의 자녀들은 굳은 결심을 한다. 절대로 부모처럼 살지 않을 것이며 반드시 행복한 삶과 이상적인 가정을 이루겠다고 말이다. 그러나 정작 바람직하고 본받을 만한 관계를 본 적이 없기에 그 결심을 현실화하기가 쉽지 않다. 서로 사랑하고, 존중하고, 갈등을 해결하고, 소통하는 경험이 전무한 그들에겐 그것이 너무나 어려운 일이기 때문이다.

요즘은 육아나 심리학 정보가 넘쳐난다. 마음만 먹으면 얼마든지 좋은 방법을 배울 수 있다. 그러나 아는 것과 실천하는 것은 완전히 다른 이야기다. 아무리 교육을 받고 방송을 보며 개선의 실마리를 얻는다 해도 그것을 일상생활에서 행동으로 옮기는 데까지는 엄청난 괴리가 존재한다. 이는 다이어트를 생각하면 이해가 빠르다. 살을 빼는 방법을 모르는 사람은 없다. 다만 그것을 머리로만 알고 실천하지 않기 때문에 실패하는 것이다. 육아와 부부관계, 인간관계에 대한 정보가 홍수처럼 쏟아져도 여전히 관계가 어렵고 소통하지 못하는 것도 같은 이유다. 무엇이든 성공의 핵심은 '실천'이다.

수십 년간 생각과 습관이 고착화된 사람이 새로운 습관을 실천하는 것은 절대로 쉬운 일이 아니다. 눈으로 확인할 수도 없는 결과를 위해 오랫동안 꾸준히 노력해야만 좋아지는 것이 관계이기에 그 어떤 습관보다 고치기 어렵다. 그래서 뼈를 깎는 노력이 필요한 것이다. 나의 본성과 습관을 거슬러야 하고 무에서 유를 창조하는 과정이기 때문이다. 나 또한 흐르는 강물을 거꾸로 올라가는 것처럼 힘이 들었지만 나와 내 사랑하는 가족들 모두 행복해지는 과정이라고 믿고 포기하지 않았다.

매일 나의 억울하고 화난 내면아이를 대면하고

좋은 훈육과 관계의 기술을 배우면서 아이를 키웠다. 그러자 늘 별일 아닌 일에도 불쑥불쑥 올라오던 분노와 억울함이 차츰 가라앉았고 내면아이와 함께 성장하면서 더 너그럽게 기다려주는 엄마가 되었다. 전처럼 그렇게 바락바락 악을 쓰지 않아도, 회초리로 겁을 주지 않아도, 아이의 머리를 쥐어박지 않아도 훈육이 된다는 것을 몸소 경험했다.

내면아이의 상처는 아직
아물지 않았다

어렸을 적 상처를 고스란히 지니고 있는 나의 내면아이를 성장시키기 위해서는 가장 먼저 상처받은 나를 대면하고 애도해야 한다. 많은 사람이 '그때는 부모님도 어쩔 수 없었다', '그래도 우리 집은 다른 집에 비하면 나은 편이었다', '부모님도 못 배워서 그런 것이다', '이 정도로 자란 것도 다 부모님 덕이다'라며 부모를 먼저 이해하려고 한다. 그리고 그 아픔을 넘기려 한다. 그러나 해소되지 않은 감정과 상처는 반드시 인생의 어느 순간에 우리 발목을 잡는다. 해소되지 않은 감정은 사라지지 않고 계속 그 자리에 머물기 때문이다. 그러면 치유는 일어나지 않는다.

감정은 터져 나와 흘러가야 한다. 그 당시 상처받은 내가 표현하지 못했던 모든 감정이 터져 나와야 회복이 시작된다. 이 해소 과정은 그 당시 괴롭고 힘들었던 기억을 소환해야 하기에 두렵고 아프다. 그래서 대부분은 그저 덮고 사는 것이다. 그러나 어린아이로서 당연히 가지고 누려야 했던 것들을 누리지 못한 것에 대한 애도가 충분히 이루어져야 상처는 아물기 시작한다.

애도의 시간을 충분히 가졌다면 이제 해결되지 않았던 나의 욕구를 채워야 한다. 인간은 각자 채우고자 하는 욕구가 있다. 누군가는 명예나 부, 누군가는 인정이나 자기실현일 것이다. 이것이 제대로 채워지지 않으면 한이 된다. 한이 된 것은 후에 미련과 후회 또는 집착이 된다. 해보고 싶었던 것, 원하고 바랐던 것을 어느 정도 충족하는 것이 우리 내면의 성장에 꼭 필요하다는 말이다. 그러나 많은 사람이 이 마음을 숨기기 때문에 내면아이가 성장하지 못한다. 이 욕구가 내 안에 있다는 것을 인정해야 그 욕구를 채울 수 있다. 동시에 믿을 수 있는 사람에게 건강하게 표현할 수 있다는 것을 깨달을 때 변화가 있고 성장이 있다. 이렇게 내면아이와 소통하는 것이 진정한 어른으로 가는 길이다.

뻔한 결론일지라도 명심할 것:
나를 먼저 사랑하라

결혼하면서 내 평생 한이었던 그림 공부를 시작했다. 어린 시절 아버지에게 당했던 거절은 단순히 돈이 아까워 학원을 보내주지 않은 게 아니라 내 존재 자체를 부정하는 것처럼 느껴졌다. 그래서 오랫동안 마음이 아프고 쓰라렸다. 이제는 누구의 도움 없이도 마음껏 공부할 수 있게 되었고, 나는 미국에서 원 없이 미술 공부를 하며 나를 치유했다.

그림은 나에게 생각지 못한 회복의 기회를 주기도 했다. 어린 시절 내가 겪은 일들은 내가 원하거나 통제할 수 있는 것이 아니었다. 그런 폭풍 같은 상황에서 마음이 이리저리 흔들릴 수밖에 없었다. 그러나 그림을 그리는 순간만큼은 내가 온전히 통제할 수 있었다. 손에 펜이나 붓을 쥐고 내가 그리고자 하는 대상 혹은 내가 머릿속에 상상하는 이미지를 창조하는 행위가 나의 주도하에 이루어지는 것이다. 한마디로 그 순간 창조자가 되는 듯한 느낌이다. 거기다 그림으로 표현하는 것 자체가 주는 카타르시스가 있어서 그림 공부를 하면서 마음이 많이 회복되었다. 이런 이유로 미술치료에도 관심이 생겨 대학원까지 진학하게 되었다.

그림뿐만 아니라 다양한 창작 예술 활동에도 비슷한 효과가 있다. 글쓰기, 그림, 음악, 목공, 베이킹, 댄스 등 어떤 것이든 상관이 없다. 내가 주체가 되어서 무언가를 만들어내는 그 자체가 개인에게 주체성과 주도성을 돌려주고 몰입하게 하기에 자신의 고통을 잊게 하기도, 에너지를 회복시키기도 한다. 때문에 예술은 그 자체만으로 치유 효과가 있다. 이것이 여러 심리치료사가 개인에게 맞는 취미를 가지라고 권장하는 이유다.

그렇게 오랫동안 미술을 공부했지만 나는 그림을 직업으로 삼거나 돈을 벌지는 않았다. 그렇다고 해서 공부한 것을 절대로 후회하지 않는다. 그림을 통해 내가 아무런 재능도 없는 사람이 아니라는 것을 증명하고 나의 주체성과 자율성, 통제감 등을 회복할 수 있었기 때문이다. 그것은 확실히 내가 전보다 훨씬 나은 사람으로 살게 해주는 원동력이 되었다. 그리고 내가 진짜 원하는 것을 채우며 나 자신을 제대로 사랑할 수 있었다. 그러자 자연스럽게 자존감이 높아졌고 나를 향한 비하감이나 열등감이 사라졌다. 그렇게 나의 내면아이는 행복해지고 단단해졌다. 내가 행복해지자 당연히 주변의 관계들도 좋아졌다.

현실적으로 생각했을 때 원하는 모든 욕구나 소원을 다 이루고 사는 것은 불가능할뿐더러 그것이 건강한 방법도 아니다. 핵심은 자신의 오랜 꿈이나 소원을 평생의 한으로 남겨두지 말라는 것이다. 이런 한은 세월이 지난다고 잊히지 않기 때문이다. 나는 지금도 늘 고민한다. 정말 하고 싶은 것이 무엇이며 하지 않으면 후회할 것은 무엇인지. 나의 내면아이를 들여다보는 것은 진짜 나를 찾는 계기가 된다. 그리고 내면아이와 소통하며 나를 더 사랑하게 된다.

자기 주도적인 삶을 만드는
작은 방법들

우리가 게으르고 무기력해지는 이유는 자기 주도적으로 이루는 소소한 성취가 적기 때문입니다. 어린 시절 수동적인 태도를 강요받거나 욕구가 좌절되는 경험이 반복되면 쉽게 무기력감을 느끼게 됩니다. 무기력감을 극복하는 가장 좋은 방법은 먼저 작은 목표들을 정해서 이루는 것입니다.

- 간식을 줄이고 하루 30분 걷기
- 강의 또는 책을 30분 동안 보기
- 가까운 곳으로 여행 떠나보기
- 오늘의 감정을 일기로 남겨보기
- 보고 싶은 사람에게 연락해보기
- 미뤄둔 빨래나 청소 해보기

생각보다 많은 사람이 처음부터 너무 큰 목표를 꿈꾸어 중간에 포기하고 또다시 좌절합니다. 너무 큰 꿈이나 목표 대신 지금의 내가 쉽게 이룰 수 있는 작은 목표부터 세워보세요. 작은 목표들을 성취함으로써 자신감을 회복하는 것이 삶의 주도성을 되찾는 시작점이 될 것입니다.

내게 상처를 준 부모와

화해할 수 있을까?

공감도
능력이다

어머니에게 화상 전화를 걸었다.

"어머니, 저예요."

"아이고, 사랑하는 우리 예쁜 딸이네."

"응? 갑자기 웬 예쁜 딸?"

"너 키우면서 한 번도 예쁘다, 사랑한다 말을 못 해줘서 이제라도 하려고."

어머니의 말에 왈칵 눈물이 쏟아졌다. 마흔이 넘어서도 나는 어머니에게 그 소리가 듣고 싶었나 보다.

부모에게 상처를 받았어도 조건 없는 인정과 사랑을 받고 싶은 것이 인간의 본능이다. 그래서 많은 자녀가 상처를 준 부모와 화해하고 싶어 한다. 이제라도 부모에게 사랑받고 인정받는 자녀가 되고 싶기 때문이다. 나 또한 어린 시절에는 말하지 못했던 나의 상처와 아픔을 성인이 된 이후에 표현한 적이 많았다. 늦게나마 내 상처와 아픔을 절절히 말하면 부모님도 내 마음을 이해하고 화해할 수 있을 줄 알았다. 그러나 부모님의 반응은 매우 상반되었다.

외할아버지의 반대로 고등학교에 진학하지 못한 어머니는 학력 콤플렉스가 있었다. 교복을 입고 학교에 가는 아이들이 세상에서 가장 부러웠던 어머니는 그 한을 오십이 넘어 다시 공부를 시작하는 것으로 풀었다. 검정고시를 치고 전문대 사회복지학과에 입학하고 후에 대학원까지 진학했다. 그전까지는 내가 상처받고 아팠다는 말에 "나도 그때는 힘들고 죽고 싶었다"는 말만 되풀이했던 어머니는 아동발달과 아동심리를 공부한 뒤 오빠와 나에게 무척이나 미안해했다. 어머니는 직접 공부를 하며 그 당시 한없이 무기력했던 우리를 돌아보게 되었다. 아무리 힘들고 어려워도 부모는 부모의 역할을 다해야 한다는 것을 깨달은 것이다. 그 이후 어머니는 내 전화를 받을 때마다 눈물로 사과했다. 어머니의 진심 어린 사과에 내 마음도 눈 녹듯 녹았다.

그러나 아버지는 달랐다. 아버지 앞에서 울고 소리치며 어린아이였던 나와 오빠의 마음을 이해해달라고 했지만 안타깝게도 아버지는 우리의 마음을 읽지 못했다. 아버지에게 공감 능력이 없다는 것을 깨닫고 나서는 더 이상 나를 이해하고 공감해달라 요구하지 않게 되었다. 공감 능력이 부족한 아버지에게 소리치면 칠수록 내 마음만 괴로웠기 때문이다. 대신 아버지를 다 성숙하지 못한 불완전한 사람으로 받아들이기로 했다. 부모님을 향한 나의 시선을 바꾼 것이다.

부모 자녀 관계를 천륜이라 하며 끊을 수 없다고 하지만 많은 정신질환이 어린 시절 부모와 어긋난 관계에서 비롯된다. 그만큼 부모는 아이에게 절대적 영향을 주는 사람이다. 그런데 모든 부모가 성숙하고 인격이 훌륭한 어른이 아니라는 것이 문제다. 김혜남 박사는《오늘을 산다는 것》(가나출판사, 2017)에서 타인을 이해하려고 하고 공감하려고 하는 것은 능력이자 실력이라고 말했다. 공감 능력이 없는 부모를 인정하는 것이 용서의 첫걸음이다.

'성인'과 '어른'은
다르다

어른은 몸이 자라고 스스로 돈을 번다고 되는 것
이 아니다. 어른이 되고 성숙해진다는 것은 나의 경험과
지식은 매우 한정적이고 제한적임을 인정하고 내가 하
는 모든 것이 완벽할 수는 없다는 것을 받아들이는 것이
다. 우리는 모두 미완성인 존재일 뿐이다. 내 실수와 잘
못을 인정해야 타인을 포용할 수 있다. 부모도 마찬가지
다. 젊은 시절 자신의 최선이 자녀에게는 최선이 아니었
을 수 있음을 인정하고, 더 나아가 본인의 미성숙함으로
인하여 많이 아팠을 어린 자녀의 마음과 상처를 인정하
고 보듬어 주는 부모가 성숙한 부모다.

성숙한 부모가 되기 위해서는 타인에 대한 이해,
공감 능력 그리고 포용력이 절대적으로 필요하다. 그래
서 '능력'이라고 부르는 것이다. 주변을 보면 공감 능력
이 부족한 사람들이 생각보다 많다. 그들이 부모가 된다
고 해서 갑자기 공감 능력이 높아지는 것은 아니기에 가
족 관계가 틀어지기 쉽고, 틀어진 관계는 잘 회복되지
않는다. 공감 능력의 부재는 서로에 대한 이해와 사과

또한 부재하게 하므로 각자가 겉도는 가족이 되고, 그들의 생각은 평행선을 달린다.

나는 아버지와의 대화를 통해 인간관계가 다 내 맘 같을 수 없다는 것을 인정하게 되었다. 나의 간절함이나 진정성과 상관없이 상대의 반응과 마음은 그의 선택이자 책임이기 때문이다. 각자의 가치관과 생각은 다를 수밖에 없고 아무리 나이가 많아도 내면은 아직 덜 성장했을 수 있다. 흘러간 세월의 무게만큼 성숙하지 못하고 그대로 굳어진 사람들은 가족이나 세상이 요구하는 대로 변할 가능성이 매우 낮다.

용서는
나를 위해 하는 것

어머니의 진심 어린 사과 덕분에 나는 마침내 어머니를 용서하고 화해할 수 있었다. 이는 전적으로 어머니의 노력이 있었기 때문이다. 어머니는 그 당시 본인의 최선이 자식들에게는 최선이 아니었음을 인정했다. 그리고 진심이 담긴 사과를 하고 똑같은 실수를 반복하지 않기 위해 지금까지도 무척 노력하고 있다. 이런 노력이 수반되었기에 우리는 화해할 수 있었다. 그러나 아버지와는 여전히 화해하지 못했다. 그저 마음으로 용서했을 뿐이다.

용서는 내가 받은 상처를 상대에게 갚지 않는 마음이자 더 이상 상대에게 휘둘리지 않겠다는 결심이지 상대에게 무한한 자비나 포용을 베푸는 것이 아니다. 용서는 상대가 아니라 나를 위해서 하는 것이다. 용서하지 못하는 마음에는 복수심, 분노, 우울, 억울함 같은 부정적인 감정이 늘 내재한다. 이것은 마치 스스로 독을 품고 사는 것과 비슷하기에 오래 품을수록 내 삶만 피폐해질 뿐이다. 나에게 상처를 준 사람은 아무렇지 않게 잘 사는데 상처받는 사람만 스스로를 괴롭히며 사는 꼴이 되는 것이다.

용서는 내 마음의 평안을 위해 꼭 필요했다. 이제 부모님에게 내 아픔을 대갚음하고 싶은 마음은 없다. 그 당시 부모님도 나름대로 최선을 다했다는 것을 불혹이 넘어서야 이해하게 되었다. 이렇게 부모님을 용서하기까지 오랜 시간이 걸렸다. 내 마음속 억눌린 감정들을 마주하고 부모가 된 나조차도 불완전한 인간이라는 것을 이해하는 데는 세월이라는 약과 함께 심리적 거리가 필요했다. 이처럼 누군가를 제대로 용서하고 이해하는 데는 생각보다 오랜 시간과 경험이 필요하다. 따라서 진심으로 되지 않는 용서를 하려고 애쓰거나 집착하는 것은 위험하다.

화해는 혼자
할 수 없다

우리는 종종 용서와 화해를 동일시한다. 그러나 용서와 화해는 전혀 다른 것임을 반드시 기억해야 한다. 앞서 언급했듯이 용서는 상대방에게 휘둘리지 않겠다는 의지이자 상대에 대한 부정적 감정으로 또 다른 악순환을 만들지 않겠다는 결심이다. 화해는 상대방과 다시 화목한 관계로 돌아가는 것이다. 교통사고를 낸 가해자를 용서했다고 해서 그 사람과 굳이 화목하게 지낼 필요는 없는 것과 같다. 따라서 용서가 곧 화해는 아니라는 것을 이해해야 한다.

내게 상처를 준 사람과 화해하는 방법은 두 가지가 있다. 첫 번째는 상대가 무엇을 해도 온전히 포용하는 바다와 같은 아량을 갖는 것이고 두 번째는 함께 서

로의 잘못을 인정하고 조율하려고 노력하는 것이다. 첫
번째 방법은 인간적으로 불가능하다. 어린 시절의 상처
가 아직도 쓰라리고 아픈데 여전히 같은 상처를 되풀이
하는 부모를 백 퍼센트 품기란 쉽지 않다. 두 번째 방법
은 혼자만의 노력으로는 되지 않는다. 손뼉도 마주쳐야
소리가 나듯 화해도 서로의 갈등을 인정하고 조율하려
는 노력이 수반되어야 한다.

　　독불장군처럼 꼼짝도 하지 않는 부모와 화해하
려고 애를 쓰면 쓸수록 나의 실망만 커지고 아플 것이
다. 그렇기 때문에 화해는 신중히 생각해야 한다. 섣부
른 화해 시도는 오히려 부모 자식 간의 감정의 골을 더
깊어지게 할 수도 있다. 부모가 지금 나와 손뼉을 마주
칠 의사가 없다면 적정한 거리를 두고 서로 더 이상의
상처를 주고받지 않는 것이 서로를 위한 가장 현실적인
방법일 수도 있다.

　　어린 시절 부모에게 표현하지 못한 상처와 아픔
을 어떤 식으로든 표현하되, 그것이 부모에 대한 원망이
나 비난이 되어서는 안 된다. 나의 내면의 회복을 위해
서 그 마음을 건강하게 전달해야 한다. 부모가 내 마음
을 받아주고 진심으로 사과하거나 달라질 것이라는 기

대와 욕심은 조금 내려놓자. 그것은 전적으로 부모의 마음이지 내가 결정할 수 있는 부분이 아니다.

화해보다
나의 회복이 먼저다

부모와의 화해에 번번이 실패하고 관계만 더 나빠졌다면, 서로 간에 용서하고 화해할 의지와 능력이 있는지부터 먼저 살펴보아야 한다. 어느 한쪽이라도 그것이 없다면 진정한 화해와 소통은 사실 쉽지 않다. 어쩌면 각자의 상처가 아물기 위해 시간이 더 필요할 수도 있다. 이런 상황에서의 만남과 대화는 오히려 서로의 갈등만 더 키우고 상처만 남기게 된다. 서로의 아픈 상처에 소금을 뿌리는 격이다. 이때는 서로가 더 상처 주지 않는 적당한 거리를 두고 관계를 맺는 것이 훨씬 현명한 방법이다.

나이가 든 부모들은 잘 변하지 않는다. 간혹 어떤 계기로 자기 성찰을 해서 자신의 과오를 인정하고 자녀들에게 용서를 구하는 경우가 가끔 있지만 이는 드문 일이다. 부모들은 그 당시 자식을 사랑했고 생계를 꾸려

나가기 위해 최선을 다했던 자신들의 진심만 기억하기 때문이다. 그래서 자식과의 화해가 어려운 경우가 더 많다.

종종 마음으로 용서되지 않는 부모를 용서하고 그들과 화해하기 위해 지나치게 에너지 낭비를 하는 사람을 보면 안타깝다. 그렇게 애를 쓰면 쓸수록 실망과 상처만 커지기 때문이다. 아직 때가 되지 않은 일에 목매기보다 나를 진정 사랑해주고 아껴주는 사람들 곁에서 마음을 회복하는 것이 먼저다. 과거의 상처와 아픔이 내면의 성장을 막게 두어서는 안 된다.

상처를 준 부모에게 사과받거나 화해하는 데 몰입하기보다는 자신의 상처를 치유하는 것에 집중하자. 본인의 상처를 먼저 치유해야 과거에 묶이지 않고 성장할 수 있다. 내 부모와 다른 선택을 함으로써 인격적인 성장을 하는 것만이 결핍의 대물림을 막을 수 있는 가장 확실한 방법이다.

부모와 자식은 세상 그 어떤 것보다 소중한 관계다. 하지만 그 수준이 내가 원하는 만큼이 아니라고 해서 너무 안달 내거나 자책할 필요는 없다. 부모와 자식 사이도 결국 인간관계의 한 형태일 뿐이다. 모든 인간관계는 언제나 쌍방향이고 한쪽에서 마음을 열지 않으면 어쩔 도리가 없다. 대신 그 관계에 얽매여 다른 소중한 관계를 잃어버리거나 내 삶이 침몰하지 않도록 잘 돌보는 것이 우선이다. 내 마음은 내가 책임지고 관리하기에 달려있고 그것이 진정 내 인생의 주인으로 사는 삶이기 때문이다.

부모와의 심리적 거리 두기

부모와 자식 간에도 때로는 심리적 거리가 필요합니다. 다음 사항에 해당한다면 부모로부터 받은 상처를 치유하고 회복하기 위해 반드시 심리적 거리를 두어야 합니다.

- 내 부모는 나의 상처와 아픔을 전혀 공감하지 못한다.
- 내 부모는 자식의 상처나 아픔보다 남의 이목, 자존심, 명예가 더 중요하다.
- 성인이 된 후에도 내 삶의 많은 부분을 통제, 간섭하려고 한다.
- 나는 부모의 문제 해결사나 감정 쓰레기통 같다는 생각을 한다.
- 부모가 나에게 경제적으로 지나치게 의존한다.

부모와의 심리적 거리 두기를 다음 방법으로 실천해보세요.

- 물리적 거리 확보: 경제적 독립이 가능하다면 부모에게서 독립해 물리적인 거리를 확보한다.
- 내 시간과 경제적 한계 설정: 부모님 댁 방문 횟수, 통화 시간, 용돈 금액 등을 정해둔다.
- 듣고 싶지 않은 말이나 대화 주제, 원치 않는 상황을 부모님에게 명확히 전달한다.

- 원하지 않는 도움(집안일, 경제적 도움 등)은 거절한다.
- 부모의 반응과 상관없이 불편하고 힘든 감정을 표현한다.
- 부모의 말이나 반응에 몰입하지 않기: 다른 사람의 생각은 내가 책임질 수 있는 것이 아님을 기억한다.

4막

나답게
살기로 하다

세상에

나쁜 감정은 없어

우리가 느끼는
감정에 대한 오해

"그런 생각을 하면 못써, 그런 마음은 나쁜 아이
가 가지는 거야!"

"뭘 잘했다고 울어. 어디 버릇없이 화를 내!"

나는 이런 말을 참 많이 듣고 자랐다. 아마 요즘
도 '착하고 예의 바른 아이'로 키우기 위해 아이에게 이
런 말을 하는 부모가 있을지도 모르겠다. 그런데 이런
표현은 감정을 부정하는 말이다. 그리고 감정의 부정은
존재적 부정으로 연결되기도 한다. 이런 일로 화를 내는
나는 나쁜 사람이구나, 하며.

사람들이 부정적 감정 표현을 두려워하는 이유
는 '감정'과 '행동'을 혼동하기 때문이다. 화가 나면 폭
력을 행사하거나 너무 슬프면 식음을 전폐하고 아무것
도 하지 않는 등의 행동들 때문에 우리는 화가 나거나

슬픈 감정을 부정적으로 생각하는 경향이 있다. 그러나 감정과 행동은 전혀 다른 것이다.

　　감정을 제대로 이해하면 우리는 훨씬 더 평안한 삶을 살 수 있다. 감정은 감정일 뿐이다. 개인이 처한 상황과 조건에 따라 본능적으로 나오는 반응인 것이다. 그래서 시시각각 느끼는 감정엔 옳고 그름이 없다. 다만 우리는 그 감정으로 인해 때로 '나쁜 행동'과 '옳지 않은 선택'을 하게 된다. 예를 들면 이런 것이다. 솔직히 목숨을 줘도 아깝지 않은 자녀도 키우다 보면 미워질 때가 있고 꼴 보기 싫을 때가 있다. 이런 감정은 너무나 자연스러운 것이다. 이때 아이에게 심한 말을 하거나 체벌을 하는 '행동'이 문제다. 그 상황에서 내가 느낀 감정은 자연스러운 것이지만 그 감정을 제대로 다스리지 못하고 나쁜 행동을 선택하는 것이 문제인 것이다.

　　사람이 느끼는 모든 감정은 옳다. 그리고 감정은 영원하지도 않다. 평생 좋아하는 감정만으로 사는 사람도 없고 평생 미워하는 마음으로 사는 사람도 없다. 우리의 감정은 늘 이랬다저랬다 한다. 그러니 감정이 자연스럽게 흘러가도록 두는 것이 가장 좋은 방법이다. 그런데 자연스럽게 드는 부정적인 감정을 억압하기 때문에 힘든 것이다. 때론 형제가 미울 수 있고 시기심이 생길 수도 있다. 심지어 부모가 미워지고 가끔 귀찮은 마음이 드는 것도 당연하다. 직장에 가기 싫고 학교가 지겹고 공부가 하기 싫은 그 모든 감정은 다 나쁜 것이 아니다. 사람들 대부분은 그런 마음이 들어도 자신의 자리에서 해야 할 일들을 묵묵히 하면서 살아간다.

그러니 감정을 억누르거나 애써 부정할 필요가 없다. 부정적인 감정을 억압하는 것이 습관이 되면 오히려 좋은 감정을 제대로 느끼지 못하는 아주 무딘 사람이 된다. 삶의 작고 소소한 희노애락을 놓친다면 삶의 즐거움을 전혀 느끼지 못하게 되고, 이런 증상이 심해지면 우울증으로 발전할 수 있다. 또한 내 감정을 제대로 읽어내고 표현하지 못하면 타인의 감정에도 예민할 수 없다. 즉 공감 능력이 떨어지게 된다.

나 또한 오랫동안 나를 키워준 부모에게 고맙기도 했지만 참 밉기도 했다. 이런 이중적인 감정에 나 자신이 싫어질 때도 있었다. 어떻게 키워준 부모에게 그런 마음이 들 수 있을까? 어떻게 내 자식을 미워할 수 있을까? 나는 효심도 모성애도 없는 나쁜 사람 같았다. 그렇게 감정을 부정하고 억압할수록 부정적 감정은 내 안에서 더 커지기만 했다.

나는 감정을 공부하고 난 뒤부터는 시시각각 느끼는 내 감정을 인정하고 흘려보냈다.

'그래, 그땐 그랬지. 그럴 수도 있지.'
'그런 감정을 느끼는 건 자연스러운 거야.'

이렇게 내 감정을 흘려보내자 예전처럼 마음속에 부정적인 감정이 쌓이는 일이 거의 줄었다. 내가 느끼는 모든 감정에는 이유가 있다. 이렇게 무거운 감정들이 마음에 쌓이지 않는 것만으로도 나는 평안해졌다.

남들보다 조금 더 불안하고
예민했던 아이

'내가 이 아이를 평생 지켜줄 수 있을까? 만약 내가 아프거나 사고라도 나면 어떡하지?' 아이를 낳고 내 품에서 꼬물거리는 딸을 바라보며 가장 먼저 든 생각이다. 나는 딸을 낳았다는 기쁨보다 이 아이를 평생 지켜주지 못하면 어떡하나, 하는 불안이 앞섰다. 이제 막 태어난 아이를 보자마자 까마득히 먼 아이의 미래에 대한 걱정이 내 머리를 가득 채운 것이다.

요즘은 TV나 주변에서 불안장애, 공황장애를 겪는 사람을 쉽게 볼 수 있다. 나는 이 시대의 변화가 반갑다. 얼마 전까지만 해도 정신건강의학과에 대한 인식이 좋지 않아 비슷한 증상이 있어도 진료를 받거나 주변에 드러내는 일이 거의 없었기 때문이다. 하물며 나의 유년 시절은 어땠을까. 그때의 나는 불안이라는 말도, 공황이라는 말도 들어본 적이 없다. 어린 시절 나는 예민하고 불안감이 매우 높은 아이였다. 그래서 부모님의 갈등과 냉랭한 집안 분위기가 나에게 지울 수 없는 상처로 남았는지도 모른다. 그 불안을 드러내지 않으려고 때로는 침묵했고 때로는 숨거나 도망갔으며, 때로는 그저 울기만 했다.

새로운 사람을 만나고 새로운 장소에 가는 것은 나에게 정말 괴로운 일이었다. 그래서 매년 학교에서 반이 바뀌는 것이 너무 싫었다. 이제 좀 익숙해지고 친해진 친구들과 헤어지는 것이 싫었고 새 선생님과 친구들을 만나는 것은 늘 겁나고 무서웠다. 새 학기가 시작되고 몇 달 동안은 침묵하다가 그 후에 친구들과 좀 친해질 만하면 헤어지길 반복하는 학교생활이 전혀 즐겁지 않았다. 친구들이 재미있어하는 운동장 정글짐도, 하늘에 닿을 듯이 그네를 타는 것도 나에겐 모두 두려운 일이었다. 발표를 하거나 나서서 무언가를 하는 일은 거의 없었다. 수업시간에 먼저 손을 든 적도 없고, 아이들과 주동해서 장난을 치거나 놀이를 주도한 적도 없다. 나는 늘 반에서 가장 조용하고 가장 존재감 없는 아이, 요즘 말로 하면 '아싸'였다. 다른 아이들은 모두 발표도 잘하고 운동도 잘하고 노래도 잘하고 공부도 잘하는데 나만 소심하고 겁 많은 무능력한 아이인 것 같아 활달하고 재미있는 친구들과 어울려 보기도 했다. 하지만 나는 결코 그들이 될 수 없었다.

불안은 결코
나쁘기만 한 것이 아니다

소심하고 쉽게 불안해하는 성격을 숨기기도 하고 고치려고 노력해보기도 했지만 이제는 안다. 불안은 병이 아니라 인간의 본능이라는 것을. 어쩌면 우리는 '불안'이라는 감정 덕분에 안전하고 평화로운 사회를 살아가고 있는 것일지도 모른다. 미래에 대한 불안을 줄이려는 노력이 과학과 의학 기술의 발전으로 이어졌기 때문이다. 우리에게 불안이라는 감정이 없었다면 아마 생존이 불가능했을지도 모른다. 불안이 없는 사람이야말로 브레이크 없는 자동차처럼 자신과 주변인들에게 오히려 더 큰 문제를 안겨주는 경우가 많다.

나는 불안감이 높은 사람이라는 것을 인정했다. 그리고 그 불안이 나를 잠식하지 않도록 내 몸과 마음의 반응에 집중하며 나를 돌보았다. 장이 꼬이는 듯이 아프거나 머리가 아프고 악몽을 꾸는 날이면 긴장하고 스트레스를 받고 있다는 것을 인지하고 나를 쉬게 했다. 맛있는 음식을 먹고, 잠을 푹 자고, 사랑하는 사람들과 대화를 하고, 그림을 그리거나 책을 읽는 등 진짜 휴식과 기쁨이 되는 활동을 하면서 나를 돌보았다.

불안이라는 감정이 내 인생에서 온전히 독이 된 것만은 아니다. 남들보다 걱정이 많았던 나는 무엇이든 신중하게 고민하고 선택했다. 그리고 부족함을 보완하기 위해 남들보다 더 많이 연습하고 노력했다. 살면서 충동적인 행동을 하거나 위험한 짓을 한 적이 없고, 덕분에 골치 아픈 사건이나 문제에 연루되거나 크게 다친 적도 없다. 새로운 환경에 적응하기 위해 더 치열하게 노력하면서 관찰 능력과 공감 능력도 높아졌다. 때문에 상대가 누구든 선을 넘거나 예의 없는 행동은 하지 않는다. 이런 태도는 사람들의 신뢰를 쌓는 데 많은 도움이 되었다. 사회성이나 리더십 등 나에게 부족했던 것은 교육으로 배우고 훈련했다. 새로운 사람들과 만나고 그들 앞에서 내 의견을 표현하는 것은 훈련을 통해서 얼마든지 나아질 수 있는 것들이었다. 학창 시절 한 번도 스스로 손 들고 발표한 적이 없던 나는 이제 수십 명 앞에서 한국어, 영어 상관없이 나의 의견을 말하고 리드할 수 있는 사람이 되었다.

물론 스카이다이빙을 하거나, 산 위의 흔들 다리를 건너거나, 배낭 하나만 메고 세계여행을 하거나, 서핑을 배우는 것은 아직 불가능하다. 나는 나의 두 다리가 땅에 든든히 서 있을 때 가장 안전하다고 느끼기 때문이다. 대신 나는 책 속에서 새로운 경험과 지혜를 얻는 것, 그림을 그리며 상상력을 펼치는 것, 가까운 사람들과 깊은 교제를 하는 것, 글을 쓰며 사람들을 위로하고 소통하는 것에 기쁨을 느낀다. 모두가 똑같은 일을 좋아하며 살 필요는 없으니까.

이제는 아주 가까운 사람들을 제외하면 내가 불안감이 높은 사람이라는 것을 눈치채지 못할 정도로 많은 변화가 있었다. 그렇다고 나의 불안이 다 사라진 것은 절대 아니다. 때때로 이유 없는 불안이 몰아치고 걱정과 의심을 할 때도 있다. 하지만 이제는 이 불안을 점점 더 능숙하게 다스리며 살고 있다.

감정 조절을 위한
여섯 가지 노하우

감정을 조절하는 데 어려움을 호소하는 사람들이 많습니다. 감정 조절을 잘하지 못해서 중요한 결정을 놓치거나 가까운 관계가 어그러지기도 합니다. 감정 조절을 잘하기 위해서는 먼저 나 자신부터 살피고 관찰해야 합니다.

① 체력 관리하기

체력이 방전되지 않도록 관리합니다. 건강이 좋지 않거나 피곤하면 감정 조절이 어렵습니다.

② 몸의 반응 살피기

때로는 몸이 먼저 감정에 반응하기도 합니다. 예를 들어, 장이 꼬이는 듯하고 식은땀이 나는 증상은 마음이 불안하다는 신호입니다.

③ 열등감과 상처 이해하기

해소되지 못한 열등감과 상처는 부정적인 감정을 촉발하는 방아쇠가 되어 쉽게 화를 내거나 상처를 받게 됩니다. 열등감과 상처를 해소하는 가장 좋은 방법은 그것을 인정하고 숨기지 않는 것과 내면아이를 돌보는 것입니다.

④ 행동하기 전에 사실 확인 먼저 하기

생각은 감정을 일으키고 행동을 유발합니다. 생각을 통해 얻어지는 추측으로 속단하지 않고 사실 확인을 하거나 생각을 먼저 다스리면 감정 다스리기가 훨씬 쉬워집니다. 예를 들어 상대방이 나를 무시해서(생각) 화가 났다면(감정) 상대에게 소리치거나 따지기(행동) 전에 그 상황에 대해 사실 확인을 하는 것입니다.

⑤ 감정의 변화를 예민하게 관찰하기

긍정적인 감정을 읽을 줄 알아야 부정적인 감정도 읽을 수 있습니다. 평소 마음속에서 일어나는 감정의 변화를 예민하게 관찰해서 인지하는 것만으로도 감정 조절이 쉬워집니다.

⑥ 감정을 건강하게 표출하기

믿을 수 있는 사람에게 이야기하거나 일기 쓰기, 편지 쓰기, 그림 그리기, 악기 연주, 노래 부르기, 산책, 운동 등 다양한 활동이 감정 표현에 도움이 됩니다.

나는 나를

사랑하기로 했다

사랑에 대한
이해

전 세계 한류의 중심에 있는 BTS의 곡 중 〈Love yourself〉라는 노래가 있다. '자기애'가 중요한 시대라는 방증이다. 자기 자신을 최우선으로 생각하는 것을 무척이나 이기적인 것처럼 여기던 과거와 크게 달라진 것이다. 그런데 우리는 나 자신을 충분히 사랑하고 있을까?

주변을 돌아보면 자신을 온전히 사랑하는 사람이 별로 없다. 그것은 우리가 '사랑'의 정의를 착각하고 있기 때문이다. 자기애를 실천하는 것을 가지고 싶은 물건을 사고, 먹고 싶은 음식을 사 먹고, 늦잠을 실컷 자거나 해야 할 일을 미루는 소소한 쾌락이나 게으름 정도로 생각하는 사람들이 대부분이지만 그것은 사랑에 대한 오해고 착각이다. 그렇다면 사랑의 진짜 정의는 무엇이며 나 자신을 사랑한다는 것은 또 무엇일까?

우리는 심장이 두근거리고 생각만 해도 기분 좋은 감정의 상태, 즉 '사랑에 빠지는 기분'을 사랑이라고 믿는다. 그렇게 생각하면 우리가 행하는 모든 쾌락과 방탕과 유희는 사랑이라는 이름으로 다 포장될 수 있다. 그러나 이런 사랑의 결과는 보통 중독이나 타락, 자기 도태로 끝나는 경우가 많다. 연인 간의 사랑도 마찬가지다. 사랑의 열정이 뜨거울 땐 만나지 않으면 죽을 것 같고 헤어지기 싫어서 서로에게 평생 사랑할 것을 약속하지만 그 약속이 지켜지는 경우는 흔치 않다. 사랑이라는 것은 원래 이렇게 변덕스럽고 이기적인 것일까?

사랑의 정의

에리히 프롬Erich Pinchas Fromm의 《사랑의 기술》(황문수 옮김, 문예출판사, 2019)에서는 사랑을 "사랑하고 있는 자의 생명과 성장에 대한 우리의 적극적 관심"으로 정의한다. 이 말의 핵심은 '성장에 대한 적극적 관심'이다. 《아직도 가야 할 길》(최미양 옮김, 율리시즈, 2011)의 저자 M. 스캇 펙Morgan Scott Peck 정신의학과 박사는 "사랑은 자기 자신이나 타인의 정신적 성장을 도와줄 목적으로 자기 자신을 확대시켜 나가려는 의지"라고 설명했다.

이처럼 사랑의 가장 큰 속성은 '성장'이다. 그러므로 사랑이라는 이름으로 게으름이나 쾌락에 '방치'하는 행동은 절대로 사랑이 될 수 없다. 성장은 단순히 하고 싶을 때 하고 기분이 내킬 때 하는 것이 아니다. 어렵고 불편하고 하기 싫은 일도 의지를 가지고 노력해야 하는 것이다. 따라서 사랑은 어떤 면에서 보면 근육을 키우기 위해 운동을 하는 것과 비슷하다. 근육을 만들기 위해서는 하기 싫어도, 내 몸이 귀찮아도 움직여야 하고 숨이 턱까지 차오르고 힘들어도 참고 꾸준히 해야 한다. 그래야 근육이 만들어진다. 근육을 만들고 싶다는 마음만으로는 절대 근육이 생기지 않는다. 사랑도 마찬가지다. 사랑한다는 그 진심 어린 마음만으로는 부족하다. 사랑을 유지하려면 관심을 가지고 집중하며 움직여야 한다.

이런 관점에서 사랑을 해석하면 모든 것이 달리 보인다. 사랑한다는 이유로 누군가를 방치 또는 속박하는 것은 말이 되지 않는다. 그리고 사랑이 식었다, 변했다는 말도 틀린 말이다. 그것은 이제 더 이상 관심도, 의지도 쏟지 않겠다는 말일 뿐이다. 사랑하는 관계는 성장하고 성숙해지는 관계다. 그러니 사랑이란 이름으로 포장한 집착이나 소유, 속박, 통제, 학대는 사랑이 아니다.

사랑에 대한 이해가 있어야 사랑인 것과 아닌 것을 분별할 수 있다. 어떤 종류의 중독도 사랑이 아니다. 상대를 향한 존중 없는 배려나 집착도 사랑이 아니다. 개인의 성장은 없는, 대가와 보상을 바라는 헌신과 희생도 사랑이 아니다. 사랑은 성장이고 행동이다. 사랑은 책임지는 것이고 공정한 것이다. 그래서 사랑은 용기고 자기 확장이며 성숙이다. 진짜 사랑인 것과 아닌 것만 분별할 수 있어도 나를 제대로 사랑할 수 있다.

자기 사랑의 시작은
진정한 '나'를 찾는 것

그렇다면 나 자신을 사랑한다는 것은 무엇일까? 그것은 내 성장과 성숙을 위해 의지적으로 노력하는 것이다. 그래서 원래 존재의 목적대로 성장하고 발전하는 것이 진짜 자기 사랑이다. 여기서 흔히 혼동하는 것이 성장과 발전의 의미다. 많은 사람이 성장과 성공을 같은 것으로 생각한다. 그래서 남들에게 성공한 사람처럼 보이길 원한다. 이런 이유로 좋은 대학을 가서 좋은 직장을 다니고, 스펙 좋은 배우자를 만나고 싶어 한다. 그러나 성장은 좋은 직업이나 사회적 성공을 의미하지 않는다.

심리학자 매슬로는 인간이 궁극적으로 자신과 평화롭게 지내려면 음악가는 음악을 만들고 미술가는 그림을 그리고 시인은 시를 써야 한다고 했다. 그의 말에 따르면 인간이 가장 행복하고 만족하는 최상의 단계는 자신답게 살아가는 자기실현의 단계다. 게슈탈트 심리학 용어에도 '참자아(true-self)'가 있다. 우리 인간은 각자 다른 모습, 다른 재능, 다른 능력을 가지고 태어났고 모든 사람은 저마다 다른 특별함이 있다는 것이다. 타고난 자신의 능력과 실력을 최대한으로 성장하고 발전시켜서 자신의 참자아가 발현될 때 우리는 행복하고 심리적으로 안정된 삶을 살 수 있다는 것이다. 그러나 성장하는 과정에서 참자아가 억압받고, 왜곡되고, 제대로 성장하지 못해서 심리적으로 아프고 병이 든다고 했다.

참자아가 성장하여 발현될 수 있도록 자신에게 관심을 가지고 노력하는 것이 '자기 사랑'이고 '자아실현'이다. 자기 사랑은 내가 어떤 사람인지 이해하는 것에서부터 시작된다. 내가 글을 쓰고 싶은 사람인지, 운동을 하고 싶은 사람인지, 노래를 부르고 춤을 추고 싶은 사람인지, 남을 돕는 것에 기쁨을 느끼는 사람인지를 알아야 한다. 자신에 대한 이해가 부족하면 제대로 성장할 수도, 사랑할 수도 없다.

안타깝게도 많은 현대인이 참자아와 거짓자아(false-self) 사이에서 갈등한다. 자신의 참자아보다 거짓자아가 때로는 훨씬 더 인정받고 사랑받기 쉽다고 생각하기 때문이다. 그래서 그 간극을 좁혀보기 위해 많은 돈을 벌기도 하고 성형수술을 하고 성공을 해서 사람들의 주목을 받고 싶어 한다. 그러나 이런 행위는 참자아를 더 괴롭히는 방법밖에는 되지 않는다. 두 자아 사이의 간극이 더 커지기 때문이다. 그래서 마음이 괴로운 것이다. 자신이 보여주고 싶은 거짓자아에 집착하는 것이 아니라 있는 그대로의 자신을 먼저 받아들이고 거기서부터 성장하는 것이 가장 지혜롭고 건강한 방법이다. 그러기 위해서는 자신에 대한 객관적인 데이터가 있어야 하고 인정할 것은 인정하고 포기할 것은 포기해야 한다. 이렇게 자신에 대한 객관적인 이해가 바탕이 되어야 정신적 성장이 가능하다.

자기이해와 자기존중을 하는 사람만이 타인을 이해하고 존중할 수 있다. 카이스트 교수이자 뇌과학자인 김대수 교수는 "인간은 본질적으로 타인을 사랑할 수 없는 존재"라고 말했다. 인간의 뇌가 그렇게 프로그래밍되어 있다는 것이다. 그래서 인간이 타인을 사랑하게 되는 순간은 타인과 나를 동일시하게 될 때뿐이라고 했다. 이 말을 바꾸어 생각해보면 자신을 제대로 사랑하지 못하는 사람은 타인도 제대로 사랑할 수 없다는 것과 같다. 자신에 대한 충분한 이해와 존중이 타인에게까지 확장되는 것이 사랑이다. 이런 내적 성장과 성숙이 정신 건강과 삶의 질을 좌우한다.

많은 사람이 셀프 러브self-love를 외치고 자신의 자존감을 높이고 싶어 하지만 어디서부터 시작해야 하는지 모르는 경우가 많다. 그 시작은 사랑과 사랑이 아닌 것을 분별하는 것이다. 그리고 자신을 제대로 객관화하고 인정하는 것이다. 이 과정은 사실 생각보다 깊고 복잡하다. 자신에게 관심을 가지고 마음에서 일어나는 수만 가지 감정을 읽어내서 진정 자신이 원하는 것을 찾아야 한다. 이 과정은 절대로 단기간에 끝나지 않는다. 아마 평생을 두고 알아가는 과정이 될지도 모른다.

나는 TV 드라마 속에나 나오는, 어느 날 갑자기 찾아와 마법처럼 빠지는 사랑이 아닌 의지적으로 선택하고 책임지며 성장하는 사랑을 하기로 했다. 그렇게 조금씩 성장해서 나의 참자아를 온전히 드러낼 수 있도록 말이다. 그러기 위해서 '나는 누구인가?', '내가 정말 원하는 것은 무엇인가?'를 지속적으로 묻고 나를 이해하기 위해 과거를 되짚고 내 약점과 강점을 객관적으로 분석해야 했다. 이후 여러 가지 다양한 경험과 도전을 하며 나를 알아갔다.

나의 내면이
시들지 않도록

마음을 잘 다스리고 나답게 살기 위해서는 내 감정을 잘 읽어내야 한다. 인간이 이성적이라는 것은 우리의 흔한 착각일 뿐, 사실은 감정의 지배를 더 크게 받는다. 그래서 내면에서 일어나는 감정이 내 삶의 중요한 선택이나 행동을 결정지을 때가 훨씬 더 많다. 우리는 두려움 때문에 안정을 선택하고 불신과 불안 때문에 회피한다. 인정과 소속감을 위해서 자신을 희생하기도 한다. 흔히 감정의 요동 없이 묵묵히 모든 일을 감당하는 사람을 보고 멘털이 강하다고 한다. 그러나 이렇게 억압에 익숙한 사람들은 오히려 한계가 오면 부러지기 쉽다. 흔들리는 것이 아니라 아예 무너져 버린다. 오히려 작은 바람에도 잘 흔들리는 유연한 사람들은 잘 꺾이지 않는다. 자신의 감정을 잘 읽고 다스릴 줄 알기 때문이다.

우리는 오랫동안 내면의 감정을 외면하는 것을 당연시하는 사회에서 살아왔다. 두려움이나 불안, 공포를 드러내는 순간 약자가 된다고 생각하기도 한다. 그러나 정말 건강한 사람들은 자신의 감정이 피곤인지, 불안인지, 걱정인지, 실망인지, 질투인지를 알고 그에 맞게 다룰 줄 안다. 이런 불편한 감정들을 들여다보는 것이 쉽지는 않다. 가정이나 사회 그 어디서도 감정을 다스리는 법을 알려주지 않았기 때문이다.

나 또한 그전까지 불편한 감정이 들고 화가 나면 입을 다물고 숨겼다. 내 마음에서 일어나는 감정을 직면하는 것이 힘들고 고통스러워 제대로 들여다볼 노력조차 하지 않았다. 나는 아무와도 말하지 않고 혼자 울거나 이불을 뒤집어쓰고 자는 것으로 불편한 감정을 억눌렀다. 그러나 이런 방법으로는 감정이 전혀 해소되지 않았다. 나중에 또 비슷한 상황을 마주했을 때도 똑같이 불편해하고 똑같이 어디론가 숨었다. 후에 심리상담을 공부하고 나서야 나는 자기 직면을 할 수 있었고 내 감정을 다룰 수 있게 되었다. 하지만 심각한 트라우마나 학대, 사건 사고를 경험 사람들에겐 쉽지 않은 일이다. 그렇기 때문에 경우에 따라 전문 상담사나 정신건강의학과 의사 등 전문가의 도움을 받아보는 것도 좋다.

나는 감정을 억압하고 회피하는 방법으로 침묵과 잠을 택했지만 많은 사람이 폭식, 술, 게임 등 더 확실하고 자극적인 방법을 찾는다. 부정적인 감정을 한방에 날려줄 마법같은 진통제가 되기 때문이다. 그러나 이런 방법들은 회피의 수단일 뿐 해결에는 아무 도움이 되지 않는다. 그리고 이런 선택을 반복함으로써 악순환만 되풀이될 뿐이다.

우리는 종종 내가 무엇을 좋아하는 사람인지 혹은 어떤 사람인지 잊고 살아간다. 부모가 원해서, 가족을 책임지기 위해서 직장에서 시키는 대로 살아가다 보면 우리 안의 '진짜 나'는 점점 시들어갈 것이다. 나의 내면이 시들어가도록 내버려두지 말자. 때로는 모든 것을 멈추고 자신의 마음을 들여다보자. 이런 자기 성찰과 사색의 시간은 나를 사랑하고 돌보기 위해 꼭 필요한 시간이다.

나는 어떤 사람일까요?

① 혼자만의 시간을 가질 때와 사람들과 함께 있을 때 중 에너지를 얻는 상황은 언제인가요?

② 가장 두려워하는 상황은 무엇인가요?

③ 가장 집중이 잘되는 때는 언제인가요?

④ 나를 피곤하게 하는 상황은 무엇인가요?

⑤ 타인의 시선이나 비난에 어떻게 반응하나요?

⑥ 현재 참여하고 있는 활동이나 모임이 있나요? 있다면 어떤 것인 가요?

⑦ 잘하고 싶은 것은 무엇이며 왜 그것을 발전시키고 싶나요?

⑧ 새로운 도전이나 만남을 어떻게 받아들이나요?

⑨ 책임을 져야 하는 상황이나 일 또는 과제가 있을 때 나의 태도는 어떠한가요?

⑩ 힘든 일이나 어려운 일이 닥쳤을 때 어떻게 반응하나요?

⑪ 본인의 장점이나 약점은 무엇이며 그렇게 생각하는 이유는 무엇 인가요?

⑫ 남들에게 숨기고 싶은 열등감이 있나요? 언제부터 그랬나요?

⑬ 어린 시절의 본인과 지금의 본인 사이에 차이가 있나요? 있다면 이유는 무엇인가요?

더 중요하고

소중한 것부터

다른 무엇도 방해하지 않는,
오롯이 나를 위한 시간

아이들은 학교에 가고 남편은 출근한 아침. 싱크
대엔 아침에 먹은 그릇들이 쌓여 있고 거실 구석구석은
먼지와 머리카락이 보인다. 빨래통에 빨랫감도 꽉 차 있
다. 하지만 나는 방으로 올라간다. 지금부터 아이들이
돌아오기 전까지 5~6시간은 온전히 내 시간이다. 나만
의 시간에는 집안일보다 내게 중요한 일부터 먼저 하기
로 나 자신과 약속했다. 그래서 책을 읽고 공부하거나
글을 쓰는 일 모두 이 시간에 주로 한다. 이것이 아이 셋
을 키우며 대학원 공부를 마친 비결이다.

나를 사랑하기로 하면서 내 마음의 감정을 읽는
연습과 동시에 내 삶의 우선순위를 재정비했다. 인생을
살다 보면 하고 싶은 일과 해야 할 일이 너무 많다. 부모
가 원하는 삶, 사회적 기대, 내가 누리고 싶은 삶의 모습

도 있다. 그런데 그 모든 것을 이루기엔 주어진 시간, 재물, 에너지는 늘 한정적이기에 무언가는 선택하고 무언가는 포기해야 한다.

영어가 완벽하지도 않은 내가 대학원을 다니는 동시에 세 아이를 키우는 것은 정말 만만치 않았다. 착한 딸, 좋은 며느리, 완벽한 엄마이자 아내가 되는 것은 애초부터 불가능했다. 그래서 깨끗한 살림, 좋은 성적, 두루두루 원만한 인간관계는 다 포기했다. 이런 것들에 연연하면 할수록 공부도, 내 마음도 오히려 복잡해지고 힘들 뿐이었다. 대신 남편과 아이들과의 관계에는 더 집중했다. 내 인생에서 가장 중요한 존재들이자 내가 공부를 하는 이유였기 때문이다. 그렇게 나 자신, 학업, 가족에게 온전히 집중한 덕분에 가족들도 나의 든든한 지원군이 되어 주었다.

선택과 포기는 나에게 심리적 자유를 주었다. 괜히 남들에게 잘 보이려고 하는 쓸데없는 감정노동을 하지 않아도 되었고 다른 누군가의 비판에도 당당해질 수 있었다. 흔히 발표를 하거나 시험을 치기 전에 심하게 불안한 이유는 잘해야 한다는 강박 때문이다. 모든 면에서 완벽하고 싶은 욕심 때문에 자신을 괴롭히는 경우가 많다. 이때 잘하고 싶은 마음을 조금 내려놓고 잘하지 않아도 되고, 실패하거나 실수해도 괜찮다고 마음먹으면 불안한 마음이 한결 나아질 것이다. 더 나아가 아무리 애쓰고 노력해도 인간의 힘으로 어쩔 수 없는 것이 있다는 것을 받아들여야 한다. 그렇게 불완전한 세상에서 불완전한 내가 살아가는 법을 배워나가는 것이다.

급하지 않지만
중요한 일부터

미국 캘리포니아에서 전문 결혼가족치료사가 되고 난 후 주변에서 어떻게 애 셋을 키우면서 그 힘든 공부를 했냐고 자주 물었다. 미국에서 전문 심리치료사가 되려면 상담대학원을 졸업하고 나서도 3000시간의 실습을 채워야 한다. 그 후에 자격증 시험을 통과해야 전문 결혼가족치료사가 될 수 있다. 그리고 이 모든 과정을 풀타임으로 달려도 6~7년은 족히 걸린다. 그래서 마음은 있으나 도전하지 못하는 사람들이 꽤 있었다.

내가 아이 셋을 데리고 이 과정을 마칠 수 있었던 것은 일단 운이 좋았기 때문이다. 언제나 나를 지지하고 응원해주는 남편이 있었고, 세 아이 모두 입원 한 번 한 적 없을 정도로 잔병치레 없이 건강하게 자라 주었다. 그리고 필요할 때마다 육아와 살림을 도와준 시부모님이 있었다. 이 조건들 중에서 하나라도 충족되지 않았다면 나는 그 모든 과정을 마칠 수 없었을 것이다. 그래도 마지막 퍼즐은 나의 의지와 노력에 의해 완성되었다. 그것은 바로 '시간 관리'다.

스티븐 코비Stephen Covey의 《성공하는 사람들의 7가지 습관》(김경섭 옮김, 김영사, 2017)에서는 시간 관리를 4가지 영역으로 나눠 설명한다. 제1영역은 급하고 중요한 일, 즉 갑작스런 사고나 가족의 질병, 마감이 임박한 회사일 등이다. 지금 당장 긴급하게 처리해야 할 일이기에 당연히 일 순위다. 제2영역은 개인의 삶에서 의미 있고 중요하지만 당장 급하지 않은 일이다. 자기계발, 건강관리, 가족과 보내는 시간 등이 해당한다. 제3영역은 급하지만 중요하지 않은 일이다. 걸려 오는 전화나 문자, 갑자기 잡힌 회식이나 미팅 같은 것이다. 그리고 제4영역은 급하지도, 중요하지도 않은 일이다. 인터넷 서핑, 의미 없는 TV 시청, SNS 확인 등이 이에 해당한다. 우리는 당연히 제1영역과 2영역에 큰 비중을 두어야 한다. 그러나 시간이 없고 바쁘다는 핑계로 제2영역에 시간을 투자하지 못하고 있다. 일단은 급하지 않기 때문이다. 하지만 스티븐 코비는 현대인들이 제3영역, 제4영역에 너무 많은 시간을 낭비하기 때문에 제2영역에 쓸 시간이 없다고 말한다.

세월이 흐르면 제2영역의 일들이 '긴급하고 중요한 문제'가 되고, 그땐 이미 너무 늦어 땅을 치고 후회하는 경우가 생긴다. 정작 해보고 싶었던 일은 하지 못하거나, 가족 간에 쌓인 오해를 방치해 돌이킬 수 없게 되는 것이다. 정말 열심히, 바쁘게 살았는데 정작 남은 것은 없는 삶이 공허하게 느껴진다는 사람들이 많은 이유다. 여기서 스티븐 코비가 말하는 핵심은 우리 시간의 우선권을 제1영역과 제2영역에 줘야 한다는 것이다. 그것이 후회하지 않는 인생을 사는 최고의 방법이다.

나도 제2영역의 일에 내 시간의 우선권을 주기로 했다. 책을 읽는 시간과 학교에 가서 공부하는 시간, 그리고 가족과 보내는 시간을 최우선으로 했다. 그렇게 내 삶의 우선순위를 완전히 다시 정비했다. 그 덕분에 아이 셋을 낳은 후에도 그 모든 과정을 마칠 수 있었다. 나는 20년 전부터 급하진 않아도 중요한 일에 조금씩 시간 투자를 했다. 그동안 꾸준히 적립한 시간 덕분에 지금의 일과 안정된 가정생활을 누리고 있다. 오늘 하루의 30분이 5년 뒤, 10년 뒤에 내가 바라는 삶을 만들어 준다.

우리는 하루 24시간, 그리고 길어야 100년인 제한적인 시간에 갇혀 있다는 것을 잊지 말아야 한다. 내게 주어지는 모든 것을 급한 순서대로 해치우며 사는 것이 아니라, 내게 더 중요하고 소중한 것부터 해야 한다. 내가 진정으로 원하고 내게 필요한 것을 선택함으로써 나다운 인생을 만들어 가는 것이다.

나의 우선순위는 무엇일까?

현실에 주어진 일, 눈앞에 닥친 일만 감당하기에도 우리의 일상은 너무나 바쁩니다. 물론 매일의 삶을 성실하게 최선을 다해서 살아야 하지만 때론 알맹이 없는 시간을 보내고 있지는 않은지 돌아보아야 합니다. 여러분의 인생에서 정말 중요한 것은 무엇인가요? 하루 중 가장 많은 시간을 쏟는 일은 무엇인가요? 정말 중요하고 소중한 일을 시간이 없다는 이유로 방치하고 있지는 않나요? 다음은 내 삶의 우선순위를 고민해 볼 수 있는 질문들입니다.

- 내가 반드시 책임져야 한다고 생각하는 것이 있나요?
- 세월이 지나더라도 가장 중요하게 생각할 일은 무엇인가요?
- 삶을 사는 데 있어 가장 중요하다고 생각하는 것은 무엇인가요?
- 언젠가 내가 죽는다면 가족, 친구, 지인들에게 어떤 사람으로 기억되길 바라나요?
- 지금 내가 죽는다면 무엇을 가장 후회할까요?
- 경제적 자유가 주어진다면 어떻게 살고 싶나요?
- 잘하고 싶은 일이 있나요? 있다면 무엇인가요?

치유의

시작

자기치유의
전제 조건

상담학을 공부하면서 느낀 것은 진정한 치유나 회복은 다른 사람이 도와줄 수가 없다는 것이다. 정신건 강의학과 의사나 상담전문가는 잘못된 생각이나 신념을 알려주고 좀 더 나은 방향과 선택지를 제시하는 사람일 뿐, 내담자와 환자의 인생을 대신 살아주는 사람이 아니다. 자신의 상황을 인정하고 더 나은 선택을 해서 실천하지 않는 사람을 일으킬 방법은 어디에도 없다. 그렇기 때문에 누군가는 몇 달만에 나아지는데 누군가는 수년이 지나도 제자리걸음인 경우가 있다. 물론 전문가들은 그 과정에서 환자의 이야기를 경청하고 격려함으로써 환자가 용기를 가지고 스스로 털고 일어나기까지 기다려주는 역할을 해야 한다. 이 말은 결국 사람은 스스로 치유하고, 회복하고, 성장할 수 있다는 말이다. 특히 내면이 건강한 사람은 누구나 스스로 회복할 수 있다고 믿는다.

인간은 연약하고 불완전한 존재다. 우리 모두에게는 각자만의 취약점이 있다. 프로이트는 모든 사람은 정도의 차이만 있을 뿐 약간의 강박과 불안, 우울 등을 가지고 살아간다고 말했다. 누군가는 콜레스테롤 수치가 높고, 누군가는 혈당 수치가 높고, 누군가는 혈압이 높거나 낮은 것처럼 말이다. 이런 신체의 취약점을 인지하게 되면 사람들은 미리 '관리'를 한다. 약을 먹고 식단을 조절하고 운동을 하면서 그 연약함을 다스리고 평범하게 일상을 살아간다. 물론 신경을 쓰지 않고 살아가는 사람들도 있다. 당장 아프지 않고 불편함을 실감하지 못해서 먹고 싶은 대로 먹고 관리하지 않는 것이다. 이런 사람들은 결국 몸에 직접적인 이상이 온 후에야 후회를 한다. 정신과적 질환도 마찬가지다. 자신과 가족을 방치하다 나중에 감당하지 못할 수준의 우울과 불안으로 괴로워하는 경우가 흔하다. 그렇기 때문에 미리 자신의 기질과 연약함을 잘 알고 관리해야 한다. 그래야 더 오래 건강하고 행복하게 살 수 있다.

이것의 전제 조건이 '자기이해'다. 안타깝게도

자신에 대한 탐구를 하지 않는 사람들이 대부분이다. 그들은 무작정 자신의 연약한 자아를 보호하려고 하거나 그냥 방치한다. 대신 남들에게 자신이 어떻게 보일지에만 급급해하며 살아간다. 좋은 대학, 좋은 직업, 좋은 배우자 등 화려한 삶으로 그들을 대변하려는 것이다. 남들만큼 살면 남들 만큼 행복해지리라 믿는 것 같다. 그러나 인격의 성숙과 성장은 지극히 개인적이고 사적인 것이며 누구도 대신해 줄 수 없는 것이다. 따라서 스스로 자신의 내면을 대면할 용기가 없는 사람은 치유도, 회복도 불가능하다.

마주하고 인정하며
자기 대면하기

자신을 이해하기 위해서는 먼저 내 안의 상처와 마주해야 한다. 나에게 내면을 들여다본다는 것은 나의 부모가 그리 완벽하거나 좋은 부모가 아니었다는 것을 인정하는 것이었고 또 그런 부모에게 인정받고 사랑받기 위해 발버둥쳤던 나를 기억해내는 일이었다. 그리고 누구도 예측하지 못했던 사고나 통제할 수 없었던 환경에서 무기력하기만 했던 나를 돌아보는 것이었다. 때론 거절당했고, 때론 외로웠으며, 때론 화나고 분노했던 나의 초라한 모습을 마주해야만 했다. 그렇게 꼭꼭 숨겨온 나의 열등감, 수치심, 죄책감, 분노를 마주해서 인정할 것은 인정하고 떠나보내야 할 것은 떠나보내는 과정이었다. 이 과정은 마치 그 당시로 되돌아간 것처럼 아프고 힘들었다.

트라우마와 상처의 지독한 점은 인간의 정서적 시간을 그 당시에 머무르게 한다는 것이다. 그래서 내면의 성장을 방해한다. 내면이 성숙하지 못하면 인격 또한 성장할 수 없다. 따라서 마음이 평안하지도 않고 건강한 관계를 맺는 것도 힘들다. 그렇기 때문에 자신의 미성숙함을 직면해야만 그것을 극복하고 진짜 어른이 된다.

내가 할 일은 아무것도 없었다. 혼자서 살 자신도 없었다. 극도의 무력감은 슬픔보다 더 나빴다. 아들이 들어오는지 나가는지 전혀 신경 안 쓰고 남편의 영정을 머리맡에 두고, 여보 나 좀 데려가줘요. 하는 소리만 주문처럼 외고 살았다. 그런지 석 달 만에 남편이 데려간 건 내가 아니라 아들이었다. 나는 겁 없이 그런 주문을 왼 내 입술을 짓찢어도 시원치가 않았고 내 소원에 그런 어깃장으로 답한 남편이 꼴도 보기 싫어 당장 영정사진을 치워버렸다. 이럴 리가 없다. 제발 꿈이어라. 방을 헤매며 온몸을 벽을 부딪치는 난동도 부려 보았지만 악몽은 깨어나지지 않았다. 슬픔보다 더 견딜 수 없는 건 수치심이었다.

- 《기나긴 하루》(박완서, 문학동네, 2012) 중에서

개인적으로 박완서 작가의 글이 많은 사랑을 받는 이유는 인간의 내면을 마치 의사가 해부하듯이 드러냈기 때문이라고 생각한다. 박완서 작가도 자신 안에 숨겨진 수만 가지 추한 모습을 보았으리라. 다른 이의 간섭은 싫으나 또 홀로 외로운 것도 싫고, 독립적으로 살고 싶으나 소속감은 느끼고 싶고, 남이 잘되는 것이 배 아프지만 그렇다고 쪼잔함은 보이기 싫어하는 것이 인간이다. 이런 인간의 숨기고 싶은 마음, 들키고 싶지 않은 욕심, 이기심, 불안, 공포 등이 너무나 세밀히 표현되어 있기에 통쾌하면서도 한편으로는 숙연해지는 것이다.

이렇게 자기 내면과 대화할 수 있는 사람이 어른이다. 오직 나만이 나의 내면을 다스릴 수 있기 때문이

다. 이런 자신과의 대화에 물꼬를 터주는 존재가 가족이다. 숨기고 싶은 내면의 감정이나 모습들을 가족에 의해 급작스럽게 들키는 경우가 많다.

사회에서 만나는 사람들과는 적당히 거리를 두고 적당히 예의를 갖추며 살 수 있다. 내가 원치 않는 사람들은 나의 의지로 회피하거나 거절할 수도 있다. 그러나 매일 한 공간에서 함께 살아가는 배우자와 자녀에겐 그럴 수 없다. 이런 이유로 내 안에 숨겨진 상처와 열등감을 가장 빨리 찾게 해주는 사람도 가족이다. 그때 그 상처와 아픔을 외면하고 피하지 않는다면 치유와 회복이 시작되고 한층 더 성숙한 어른으로 성장할 수 있다. 그래서 결혼을 하고 육아를 하면 어른이 된다고 하는 것이다. 비슷한 이유로 나를 불편하게 하고 화나게 하는 상황이 반복된다면 그것은 타인이나 환경 문제가 아닐 가능성이 크다. 타인에게 비난의 화살을 돌리기 전에 자신의 마음을 먼저 들여다보자. 그것이 바로 치유의 시작이다.

건강하게 나를 돌보는 시간

상처받은 마음을 다스리고 치유하기 위해서는 먼저 자신을 돌봐야 합니다. 그러나 사람들 대부분은 바쁘다는 이유로 자신을 방치하곤 합니다. 혹은 폭식, 게임, 음주, 쇼핑 등을 자기 돌봄으로 오해하기도 합니다. 이는 진정한 자기 돌봄이라 할 수 없습니다. 자기 돌봄은 다음과 같이 몸과 마음에 진정한 쉼을 주어 지친 마음을 회복하는 것입니다.

- 규칙적으로 운동하기
- 햇빛 받으며 산책하기
- 명상하기
- 일기 쓰기
- 반신욕 하기
- 다양한 취미 생활하기

- 건강한 식단으로 식사하기
- 문자, 메일, SNS 보지 않기
- TV, 유튜브 보지 않기
- 충분히 숙면하기
- 마음이 통하는 사람과의 대화
- 캠핑하기

내면의 에너지를 채워줄 방법을 찾아서 몸과 마음을 잘 돌보아야 주변과의 관계도 평안해집니다. 오늘 하루, 단 몇 분이라도 나 자신을 제대로 돌보는 시간을 가지길 바랍니다.

회복은

여전히 진행중

나

때문이라고?

　작년에 큰딸이 집에서 차로 10~15분 거리에 있는 카페에서 아르바이트를 할 때였다. 그 당시 딸아이가 운전면허를 취득하지 않아서 일하는 곳까지 데려다줘야 했다. 한국만큼 대중교통이 발달하지 않은 미국에선 너무나 흔한 일이다. 하루는 아르바이트하러 가야 하는 딸이 유난히 꾸물거리고 있었다. 마음 같아서는 "너 이렇게 가면 늦어!"라고 호통치고 싶었지만 내가 늦는 것도 아니고, 이제 만 18세 성인이 된 아이가 스스로 깨달아야 하기에 잠자코 있었다.

　출근 시간에서 딱 10분을 남겨놓고 데려다 달라고 말하는 딸을 차에 태우고 출발했다. 미적거리다 나온 딸은 시간이 10분도 채 남지 않았다는 것과 내가 지각하는 것을 싫어한다는 것을 눈치채고는 대뜸 "아빠가 운전하면 10분 안에 도착하는데 엄마가 운전하면 항상 늦어"라고 말했다. 안 그래도 꾸물거리는 딸이 마음에 들지 않았는데 마치 지각하는 것이 운전을 느리게 하는 내 탓인 양 말을 하니 내 머리 뚜껑이 기어이 열리고 말았다. "야! 엄마가 한두 번 데려다주니? 엄마가 아빠보다 운전을 천천히 하는 걸 알면 네가 더 일찍 준비해야 할 거 아냐! 어디서 지금 엄마 탓을 하고 있어!"라고 버럭 화를 내버렸다. 내 호통에 기가 죽은 딸은 "알았어요. 다음부터는 일찍 준비할게요"라고 대답했다. 카페에 도착할 때까지 우리 둘 사이엔 차갑고 무거운 침묵이 계속되었다.

본인의 지각이 내 탓이라는 그 말이 감정의 방아쇠가 되어 잠잠했던 내 마음이 온통 흙탕물처럼 뒤집혔다. 사실 예전 같았으면 도착하는 10분 내내 아이를 쥐잡듯 잡았을지도 모를 일이다. 가는 내내 딸아이의 과거 잘못까지 들먹이며 나쁜 아이로 몰아갔을 것이고, 내 공격에 딸아이도 분명 가만히 있지 않았을 것이다. 가는 차 안에서 대판 싸움을 하고도 남을 일이었다.

그러나 나는 그 순간 알았다. 갑자기 내 안에서 분노가 폭발한 것은 딸의 잘못 때문이 아니라 딸의 말이 내 안의 상처를 건드렸기 때문이라는 것을. 그래서 그 분노를 아이에게 토해내지 않으려 운전하고 가는 내내 말 한마디 하지 않았다. 이것이 요즘 내가 달라진 점이다. 예전과 다르게 내 상처로 또 다른 누군가에게 상처를 주지 않기 위해 노력하는 것 말이다.

집으로 돌아오고 나서도 기분은 금방 나아지지 않았고 왜 그렇게 마음이 복잡하고 화가 나는지 내 마음을 들여다봤다. '이 일이 이렇게까지 화를 낼 일인가? 내가 느낀 감정은 화가 맞을까? 혹시 다른 감정은 아닐까? 내 행동은 정말 아이를 위한 것이었을까? 나를 보호하기 위해 그랬던 건 아닐까?' 나의 비이성적이고 예기치 않은 감정에 마치 상담사가 내담자에게 질문하듯이 물었다. 그리고 스스로 답을 찾았다.

여전히
가야할 길

나는 어린 시절부터 지금까지 누군가에게 짐이 되고 폐를 끼치는 것을 죽기보다 싫어했다. 사랑 없는 결혼 생활과 냉혹한 시집살이를 하는 어머니를 벗어나지 못하게 하는 족쇄이자 짐이 나라고 생각했기 때문이다. 어머니는 "너네 아버지랑 할머니랑은 이제 정말 못 살겠다", "너희 때문에 어쩔 수 없이 산다. 엄마 없는 자식 만들기 싫어서"라는 말을 달고 살았다. 어머니의 불행과 고통에 우리 남매의 지분이 너무나 커 보였다. 우리만 없으면 어머니는 훨훨 자유롭게 날아갈 수 있을 것만 같았다. 그렇다고 어머니를 놓아주지도 못했다. 우리에게는 어머니가 동아줄이나 마찬가지였으니까. 어머니가 힘들고 괴롭고 아프다는 걸 알았지만, 그 약한 동아줄이 생명줄이었으니까. 그래서 내 가슴 한구석엔 어머니의 짐이자 족쇄라는 존재적 아픔이 있었다.

이런 이유로 나는 누군가에게 짐이 되거나 폐가 되는 행동을 병적으로 싫어한다. 내가 끝까지 책임질 수 없는 일은 시작도 하지 않으며, 그런 인간관계도 잘 맺지 않는다. 그래서 "너 때문에 망쳤어", "너 때문에 이렇게 됐어"라는 말을 듣는 것을 정말 싫어한다.

하루 종일 감정이 흙탕물을 뒤집어쓴 듯 괴로웠다. 머리로는 이해가 돼도 마음은 여전히 분하고 억울해 가라앉지 않았다. 마치 부글부글 끓는 뜨거운 냄비가 넘치지 않도록 겨우 뚜껑을 누르는 것 같았다.

부모를 떠난 세월이 20년도 넘어 이젠 중년이 되었고 아이를 셋이나 둔 엄마가 되었음에도 나는 여전히 회복 중이다. 이 지루한 시간이 지겹고 괴로워 그만두고 싶은 날도 많다. 다 덮어두고 모른 척하며 생각 없이 살고 싶을 때도 있다. 그러나 나를 위해서도, 내가 사랑하는 이들을 위해서도 그래서는 안 된다. 앞으로 얼마나 더 자기 대면을 하고 눈물을 흘려야 할지 모르지만 이젠 도망가지 않는다. 그것이 나를 성숙하게 하는 길이고 내 가족을 지키는 길이기에 매일매일 치유하며 살기로 했다.

때론
불행이 닥친다 해도

　　심리치료사라고 해서 항상 마음이 평안하고 주변의 모든 인간관계 문제가 사라지는 것은 아니다. 살다 보면 나도 몰랐던 상처가 건드려져서 아플 때도 있고, 예측하지 못했던 일들이 일어나거나 불행한 일이 갑작스럽게 몰아치기도 한다. 아무리 성공하고 훌륭한 삶을 살아도 인간의 인생은 늘 꽃길이 아니다. 갑작스레 나타난 진흙탕 길에서 누군가는 완전히 무너지고 누군가는 그곳을 빠져나와 회복한다.

작년에 한 동네에서 오랫동안 친하게 지낸 언니가 내게 너무나 익숙한 곳에서 자살로 세상을 떠났다. 느닷없는 소식에 심리치료사로서 언니를 지켜주지 못했다는 죄책감과 알 수 없는 분노로 마음이 무척 괴로웠다. 같은 시기 친한 동생의 남편이 갑자기 심장마비로 사망하고 가까운 지인의 가족이 암에 걸리기도 했다. 근한 달 만에 벌어진 이 모든 일을 바라보며 잠잠했던 불안과 걱정이 치솟았다. 나에게도 곧 이런 불행이 닥칠 것만 같았다. 그래서인지 며칠 내내 악몽을 꾸고 명치 끝이 아파오는 고통을 느꼈다. 나는 우울하고 불안했다.

예전 같았으면 이런 불편한 감정들을 어떻게 다루어야 할지 몰라 무척 당황했을 것이다. 무조건 억압하거나 회피하려 했을 것이다. 하지만 나의 내면과 친해지고 나서는 나를 다독이고 격려하는 법을 배웠다.

"오늘 기분은 어때? 어제도 잠을 제대로 못 잤지? 아직은 많이 불안하고 힘든 게 당연해. 너무 서두르지 말자. 언니에게 미안한 마음이 들고 화가 날 수도 있지. 울고 싶으면 울어도 괜찮아."

마음속으로 나에게 말을 걸고 대답하며, 하루하루 마음을 들여다보고 감정을 읽고 흘려보냈다. 울고 싶으면 울고, 글도 쓰고, 내가 믿는 사람들과 생각과 감정을 나누고 위로받으며 마음을 회복했다.

심리상담을 받고 마음을 공부한다고 해서 일상의 모든 문제가 쉽게 해결되거나 매일 행복한 것은 아니다. 하지만 누군가 나의 상처를 건드리고 원치 않는 불행에 넘어져도 꿋꿋하게 다시 일어나고, 불행과 아픔을 다스리며 함께 살아가는 법을 터득했다. 내 마음을 먼저 들여다보고 나를 지지하고 격려하는 것. 그렇게 나는 평생을 두고 회복탄력성을 키워가고 있다.

나의 감정의 방아쇠는 무엇일까?

사람에겐 모두 자신만의 약점과 열등감이 있습니다. 때로 누군가의 말이나 행동이 감정의 방아쇠가 되어 폭발하기도 합니다. 그런데 문제는 상대방은 그것이 감정의 방아쇠인 줄 모른다는 것입니다. 겉으로는 멀쩡해 보이지만 옷 속에 감춰진 상처를 실수로 건드렸을 때 아프고 쓰린 것처럼 말입니다. 이런 예상치 못한 감정의 방아쇠 때문에 인간관계에서 오해와 갈등이 커지는 경우가 많습니다. 따라서 감정을 다스리기 위해 나의 방아쇠는 무엇인지 알아두어야 합니다.

다음은 내 감정의 방아쇠는 무엇인지 생각해볼 수 있는 질문들입니다.

- 유난히 거슬리거나 신경 쓰이는 타인의 행동이 있나요?
- 나를 화나게 하는 말투는 무엇인가요?
- 가장 피하고 싶은 상황은 어떤 상황인가요?
- 느끼고 싶지 않은 불편한 감정이 있나요?
- 주변의 가까운 사람들과 반복적으로 부딪히는 사건이나 상황이 있 나요? 있다면 무엇인가요?
- 오래도록 잊히지 않는 기억이 있나요? 있다면 무엇인가요?
- 마음에 큰 상처로 남은 일이나 사건이 있나요? 있다면 무엇인가요?

질문들에 답을 해보며 내 감정의 방아쇠는 무엇인지 고민하는 시간을 반드시 가져보기 바랍니다. 그래야 의도치 않게 내 감정의 방아쇠를 당긴 타인에게 필요 이상의 감정을 표출하지 않고 마음을 잘 다스릴 수 있습니다.

진짜 어른으로

산다는 것

어른(elder)과
노인(old)의 차이

어른이 된다는 것은 성장의 끝이 아니라 과정이다. 산다는 것은 죽을 때까지 멈추지 않는 성장의 과정이다. 그리고 그 성장은 바로 우리 삶에서 진정 중요한 것이 무엇이며, 진정한 행복이 무엇인지를 배우는 데 있다. 그래서 나는 오늘도 하나하나 차근히 배워나간다.

-《어른으로 산다는 것》(김혜남, 걷는나무, 2011) 중에서

내가 인간관계에서 겪었던 어려움 중 상당수는 진짜 어른이 되지 못했기 때문에 겪은 것이었다. 아무리 성실하고 착하게 살아도, 공부를 잘하고 돈을 많이 벌어 성공하더라도 그것이 내면의 성장과 비례하지는 않는다. 어른이 되지 못한 사람들끼리 만나서 결혼을 하고

자녀를 키우기 때문에 모두가 힘들고 어려웠다는 것을 나는 몸소 배웠다. 세월이 흐른다고 누구나 저절로 성숙하지는 않는다. 그래서 누군가는 닮고 싶은 어른이 되고 누군가는 쇠퇴한 육신만 남은 노인이 되는 것이다.

노인 상담을 공부하며 성숙한 어른(elder)과 고집쟁이 노인(old)의 어마어마한 차이를 알게 되었다. 몸은 노화로 인해 굳어져도 다양한 경험과 지혜로 어린아이처럼 말랑말랑하고 청년처럼 유연한 열린 사고를 하는 사람이 있는가 하면, 생각과 사고가 돌덩이처럼 딱딱하게 굳은 사람도 있다. 70~80년에 걸쳐 생각과 마음이 굳어져 버린 노인을 변화시키는 것은 무척 어렵다.

인간은 경제적 여유나 성공 여부와 상관없이 주변과의 관계가 평안해야 행복을 느낀다. 그리고 관계를 평안하게 만드는 능력은 개인의 스펙이나 성공이 아닌 인격에 달려 있다. 뜻을 이루기 위해 수단과 방법을 가리지 않고, 본인만의 잣대로 상대를 함부로 판단하며 모든 일이 자신의 원하는 대로 이루어지길 고집한다면 아직 어른이 아니다. 내 자녀와 배우자가 내가 원하는 대로 변하지 않고 바뀌지 않는다고 한탄만 하고 있다면 아직 어른이 아니다.

나의 상처를 치유하고 돌보기 시작하면서 자기 객관화를 통해 내 장점뿐만 아니라 연약함과 부족함도 있는 그대로 인정했다. 그리고 여전히 다듬어져야 하는 미성숙한 점들이 있음을 받아들였다. 나 자신을 수용할 수 있게 되자 타인에 대한 인정과 수용도 쉬워졌다. 타인을 향한 이해심과 포용력이 조금씩 넓어지자 육아와 부부관계도 자연스럽게 편해졌다.

진짜
'어른'이 된다는 것

세계가 주목한 윤여정 배우와 인기 유튜버 밀라 논나에게 많은 젊은이가 열광하는 이유는 그들이 이 시대가 바라는 어른의 모습을 보여주고 있기 때문이라고 생각한다. 이들의 삶의 태도나 인생 행보는 젊은이들 못지않게 주도적이지만 늘 겸손하고 자신만의 철학이 확고하며 포용력이 넓다. 남녀노소 할 것 없이 모든 세대에게 존경과 인정을 받는 '어른'은 다음과 같은 공통점이 있다.

첫째, 모든 사람을 독립된 인격으로 존중한다.

정서적, 물질적으로 누군가에게 의지하거나 누군가를 어떤 이유에서든 이용하지 않는다. 높은 인기와 명예를 가지고 있음에도 주변 사람들을 인격적으로 대하고 존중한다. 어른이 된다는 것은 어쩌면 인생에서 내 마음대로 할 수 있는 것은 오직 내 마음뿐이라는 사실을 깨닫는 과정일지도 모른다.

둘째, 자신이 연약한 인간임을 인정한다. 아무리 과거에 화려하고 성공한 삶을 살았더라도 인생에서의 영광과 성공은 잠시라는 것과 지식과 경험은 한계가 있다는 것을 인정하는 것이다. 자신도 실수할 수 있다는 것을 알기에 겸손하고 타인을 넓은 포용력으로 감싸 안을 수 있는 것이다. 성숙한 어른의 가장 큰 기준은 나와 다른 사람들에 대한 포용력이다.

셋째, 과거의 영광에 머물러 있지 않고 자신의 한계를 극복하기 위해 새로운 것을 배우는 데 주저하지 않는다. 어느덧 100세를 넘긴 철학자 김형석 교수도 여전히 배우기에 힘쓴다고 한다. 과거에는 취직을 하고 돈을 벌기 위해서 공부하고 기술을 익혔다면, 이제는 삶을 좀 더 풍요롭고 지혜롭게 살기 위해 배운다. 죽을 때까지 성장에 힘쓰는 사람들이 어른이다.

결국 '진짜 어른'은 사회적 지위나 성공 여부에 상관없이 내면이 성숙한 인격적인 사람이라고 할 수 있다. 이제 불혹을 넘긴 나도 이 세상에서 머물고 떠난 자리가 아름다울 수 있도록 매일 고민하고 반성하며 살아가기 위해 노력하고 있다.

중년 이후의 얼굴은 스스로 책임지는 것이라 한다. 거기에 덧붙여서 중년 이후의 삶은 오롯이 자신의 가치관과 인격에 달려 있다. 젊음도, 건강도, 재능도, 실력도 세월이 지나고 나면 스러지고 남는 것은 오로지 인품과 삶의 태도뿐이다. 젊은이들의 고개를 절레절레 흔들게 하는 고집쟁이 할머니가 아니라 닮고 싶은 어른으로 늙어가기로 오늘도 결심한다.

어른의 대화법

일상에서 인간관계에서 오는 피로감을 호소하는 사람들이 많습니다. 그중에서도 가장 큰 고민은 '대화'가 통하지 않는 것입니다. 같은 나라에서 같은 언어를 사용하고 있음에도 서로 대화가 어긋나는 것은 감정 소통이 제대로 되지 않기 때문입니다. 여러 인간관계에서 대화가 지식과 정보를 전달하는 단순한 기능만 하고 있습니다. 소통하는 대화는 마음을 열고 감정을 나누며 서로를 이해하는 것입니다.

① 상대방과 나의 다름을 인정하기

세상 어디에도 나와 똑같은 생각을 가진 사람은 없습니다. 따라서 우리는 누구와 대화를 하든 상대방이 나와는 다른 사람이라는 것을 인정해야 합니다. 아무리 피를 나눈 가족일지언정 각자 생각이나 가치관이 다를 수 있고, 그 차이는 '틀린 것'이 아니라 '다른 것'임을 받아들여야 합니다. 대화를 나눌 때는 열린 마음으로 상대의 생각과 의견을 존중해야만 서로 마음을 나눌 수 있습니다.

② 서로 편안한 상태에서 대화하기

우리는 심신이 지치고 힘들 때 어떤 말도 제대로 들리지 않습니다. 그렇기 때문에 상대방의 기분이나 현재 상황을 고려하지 않은 채 일방적으로 대화를 시작하면 좋은 대화를 나누기 어렵습니다. 또한 주변이 너무 시끄러운 상황에서도 서로의 대화에 집중하기 어렵습니다. 따라서 진솔한 대화가 필요할 때는 대화에 참여하는 사람 모두 집중할 수 있는 장소와 시간을 선택해야 합니다. 더 나아가 상대방이 대화할 마음의 준비가 된 상태인지도 고려해야 합니다.

③ 상대방의 관심사나 흥미 위주로 대화하기

대화를 길게 지속하지 못하는 가장 큰 이유는 관심사와 흥미가 다르기 때문입니다. 아무리 좋은 내용이라도 상대방의 관심이나 흥미를 끌지 못하는 대화 주제는 잔소리나 지겨운 이야기로 느껴질 뿐입니다. 이런 식의 대화만 오고 간다면 상대는 함께 있는 시간마저 피하고 싶어질 것입니다. 상대방과 깊은 대화를 하고 싶다면 상대의 관심 주제로 대화를 이어가야 합니다.

④ 상대의 말을 끝까지 경청하기

상대와 대화가 통하지 않는 이유는 상대의 이야기는 들으려 하지 않고 자신의 말만 하기 때문입니다. 이는 곧 상대도 내 말을 제대로 듣고 있지 않다는 말입니다. 자신의 이야기를 하기에 앞서 상대방의 말을 끝까지 집중해서 들어주는 연습이 필요합니다. 상대의 이야기에 관심이 없어도 끝까지 경청해야 상대방이 존중받는다 느낍니다. 그리고 상대 또한 나를 존중하게 됩니다. 경청이야말로 상대의 마음을 가장 쉽고 빠르게 얻는 방법입니다.

⑤ 판단, 비난, 비교의 언어 대신 감정의 언어 사용하기

대화가 결국 싸움이 되는 이유는 대화가 비난, 판단, 비교로 번지기 때문입니다. 비난과 비교로 달라질 사람은 없습니다. 비난이나 판단 대신 감정이나 바람을 솔직히 표현해야 합니다.

이젠 상처도 아픔도 모두 나의 인생

상처가 있어야만 만들어지는
아름다운 보석, 진주

가장 좋아하는 보석을 꼽으라면 나는 진주를 이야기할 것이다. 유행을 타지 않고 튀지도 않으면서 여성스러움과 우아함을 표현할 수 있기 때문이다. 거기다 진주는 나의 탄생석이기도 하고 다른 보석과 달리 살아 있는 생명체에서 만들어진다는 것이 너무 좋다. 진주는 조개가 상처를 입어야 만들어진다. 그 상처를 치료하고자 오랜 시간 동안 품어내는 물질로 만들어지는 것이다. 그렇게 만들어진 진주는 동글동글 부드럽지만 단단하고 아름다운 보석이 된다. 이 탄생 과정은 내게 큰 영감을 준다.

모든 조개가 상처를 입는다고 진주를 만들어내는 것은 아니다. 미생물이나 이물질의 침입으로 죽는 조개가 훨씬 많다. 사람의 인생도 비슷한 것 같다. 자신의 상처와 어려움을 잘 극복한 사람은 내면에 쓸데없는 응어리가 없어서 마음이 편안하다. 그래서 진주처럼 주변 사람과 둥글둥글하게 지낼 수 있다. 누군가에게 휘둘리거나 상처받지 않는 단단한 마음도 가지게 된다. 결국 포용력 있는 사람이 될 수밖에 없다.

반대로 상처와 고난으로부터 회복하지 못한 사람은 자신의 고난이나 어려움에 매몰되어 시야가 매우 좁아져서 상처를 더 잘 받는 사람이 되기도 한다. 심하게는 자신의 상처가 여전히 아프기 때문에 오히려 이기적인 사람이 된다. 그래서 다른 이의 어려움에 공감하지 못한다. "뭐 그런 일로 힘들어해? 난 더한 일도 겪었어"라는 심중의 태도와 무심함은 다른 사람에게 알게 모르게 상처를 주기도 한다. 이런 사람들 곁에 가까이 있는 사람들은 심한 상처를 받고 떠나거나 관계가 꼬여버린다. 결국 본인의 삶을 더 비극적으로 만드는 셈이다.

결핍은
나의 원동력

　나 또한 나의 상처가 부끄럽고 너무 싫었던 적이 있었다. 비슷한 또래의 잘나가는 사람들을 보면 마음 한 구석에서 '나도 사랑받고 컸으면, 인정받고 자랐으면 훨씬 더 훌륭한 사람이 될 수 있었어'라는 원망의 목소리가 들렸다. 그러나 지금은 아니다. 내 어린 시절의 아픔과 상처가 행복한 가정에 대한 어마어마한 간절함을 만들어 냈고 그 간절함은 지금의 내가 배우고 애쓰게 한 원동력이 되었기 때문이다.

　나의 결핍 덕분에 더 나은 아내와 엄마가 될 수 있었다. 그 결핍 덕분에 결혼 생활과 육아에 매우 신중할 수 있었고 배운 것을 날마다 실천하며 살았다. 이런 노력으로 원만한 부부관계와 가정생활을 얻게 되었다. 또한 그 누구보다 가정의 소중함을 알고 아이들의 마음에 공감할 수 있게 되면서 마음이 아픈 아이들을 도와주고 가정을 회복하는 일에 큰 사명을 가지게 되었다. 그것이 개인의 행복뿐 아니라 사회를 안전하게 지키는 길이라는 것을 너무나 잘 알고 있다.

나의 상처와 불안 덕분에 마음공부를 하기 시작했고 지금은 나 자신을 다루는 데 능한 사람이 되었다. 물론 그 시간은 매우 지루하고 힘들었지만 조개가 상처를 치료하듯이, 오랜 세월 내면을 돌아보고 상처를 치유하며 불안을 다스릴 수 있게 되었다. 이런 과정이 없었다면 나의 기질과 유년 시절의 경험 때문에 훨씬 더 심각한 정신질환으로 고생했을 것이다.

이런 이유로 고난과 아픔이 개인의 삶에 축복이 되는 순간이 있다고 믿는다. 모든 사람에게는 각자만의 아픔과 고난이 있다. 개인의 선택과 마음가짐에 따라 고통과 상처에 삶이 무너져 버릴 수도, 진주를 만들어낼 수도 있다고 믿는다. 그것은 온전히 고난과 아픔을 어떻게 받아들이고 다루느냐에 따라 달라진다.

자신의 불우한 과거와 결핍으로 내 부모처럼 될까 봐, 어머니 아버지처럼 살까 봐 결혼이나 육아를 두려워하고 있다면 괜찮다고 말해 주고 싶다. 당신은 부모와 똑같은 유전자를 가지지도 않았고 똑같은 경험과 환경을 소유하지 않았다. 그렇기 때문에 분명히 다른 선택을 할 수 있고 다른 삶을 살아갈 수 있다고 말해 주고 싶다. 모든 것은 당신의 선택에 달려 있다.

지금 반복되는 관계의 갈등과 어려움이 있다면 먼저 자신의 마음을 돌아보길 바란다. 삶에서 일어나는 많은 문제는 자신의 마음을 제대로 들여다보지 못해서 길을 잃고 헤매기 때문에 발생한다. 그리고 그 길을 다시 찾는 것도 본인의 의지와 노력에 달려 있다. 때론 아프고 고통스럽더라도 그것을 잘 다루면 영롱하지만 단단한 진주를 만들어낼 수 있을 것이다. 이 책이 여러분의 진주를 찾는 데 조금이나마 도움이 되었길 바라며 글을 마친다.

조금 멀찍이 떨어져 마침내, 상처의 고리를 끊어낸 마음 치유기

가족이지만 타인입니다

초판 1쇄 발행 2022년 11월 10일
초판 2쇄 발행 2022년 11월 15일

지은이 원정미

대표 장선희 **총괄** 이영철
책임편집 한이슬 **기획편집** 이소정, 정시아, 현미나
책임디자인 최아영 **디자인** 김효숙
마케팅 최의범, 강주영, 김현진, 이동희
경영관리 김유미

펴낸곳 서사원 **출판등록** 제2021-000194호
주소 서울시 영등포구 당산로 54길 11 상가 301호
전화 02-898-8778 **팩스** 02-6008-1673
이메일 cr@seosawon.com
블로그 blog.naver.com/seosawon
페이스북 www.facebook.com/seosawon
인스타그램 www.instagram.com/seosawon

ⓒ원정미, 2022

ISBN 979-11-6822-111-6 03180

서사원은 독자 여러분의 책에 관한 아이디어와 원고 투고를 설레는 마음으로 기다리고 있습니다.
책으로 엮기를 원하는 아이디어가 있는 분은 이메일 cr@seosawon.com으로 간단한 개요와 취지,
연락처 등을 보내주세요. 고민을 멈추고 실행해 보세요. 꿈이 이루어집니다.